# Gourmande sérénité

Paule Salomon

# Gourmande sérénité

Albin Michel

Notre époque surmenée et stressée cherche une dimension spirituelle, simple, accessible et non mystifiante, un enracinement dans une certitude intérieure qui passe par l'expérience : nous aspirons tous à une sérénité ouverte sur la vie, une gourmande sérénité.

Aussi le propos de ce livre n'est-il pas de fournir des consolations toutes faites à notre présent, mais des pistes de travail, des idées neuves, des propositions... Philosophique, poétique, spirituel, pratique, il saute pardessus tous les genres encore plus délibérément que mes livres précédents. Il concerne d'abord ceux qui savent que, pour avancer vers la libération de l'être, il faut défricher un chemin nouveau.

Tracer un chemin nouveau, telle est la gloire de la pensée et de l'écriture.

La gourmande sérénité est une attitude spirituelle, une grande santé comme dirait Nietzsche : les enfants de la sérénité sont aussi ses enfants et ceux de Zarathoustra. Il y a le temps des visionnaires et le temps où les visions commencent à s'incarner. Homme de la première peau, maître du regard pur, fou-sage, Nietzsche a tout dit, et pourtant tout reste à faire.

Trois chapitres rendent hommage à sa pensée, même s'il s'agit d'une interprétation. Ils mettent en lumière son apport dans la nouvelle conception du rapport à soi-même, aux autres, à l'amour et aux héritages du passé, sa capacité à labourer les champs de conditionnement qui nous rendent esclaves.

Car, pour oser espérer s'élever, encore faut-il être capable d'assumer son ombre, ses doutes et ses incertitudes. Prendre conscience de la haine de soi que chacun nourrit, de la peur de la solitude. Et aussi de la conversion qu'opère un amour ardent de la vie, un goût du plaisir.

L'extase et la volupté se cultivent par une relation consciente à son propre corps, par la pratique d'une respiration consciente, d'une sexualité consciente et subtile. Le nouveau code amoureux redéfinit des relations conscientes : une mise en question de soi et une capacité de guérison par le dépassement de soi. L'évolution des identités homme/femme vers un double androgynat donne du sens au mot alliance.

La gourmande sérénité progresse alors dans sa définition et ses possibilités. La jubilation du présent est une royauté de naissance et un apprentissage à l'écoute de ce maître qu'est le corps. De l'art de la concentration et de la présence à soi-même découlent la capacité à goûter la vibration du silence et la plénitude de la présence. Le fait de mieux se réjouir, de devenir plus sauvage et plus ardent permet de surmonter ces obstacles permanents que restent la haine de soi, la fuite de soi. C'est encore la voix de Nietzsche qu'on entend sur l'éthique de l'homme à venir qui germe en chacun. Tout est question de foi et de pratique.

Une conjonction entre cet autre Zarathoustra qu'est Zorba le Grec et la générosité du Bouddha du ventre a déjà été évoquée par le maître tantrique Osho. Zorba est l'homme de tous les plaisirs, de toutes les gourmandises, il rit, il parle, il chante il danse, il fait la fête, il aime la bonne chère, il aime l'amour, il est l'homme du grand oui à la vie, mais, réduit à ces seuls aspects, il tourne en périphérie de lui-même. Pour rentrer dans son propre centre, il a besoin de se conjoindre au Bouddha qu'il est aussi en potentiel. Sans ce contact il ne revient jamais à la maison. Être Bouddha suppose qu'on ait réalisé Zorba en soi. Et quand l'éveil de Bouddha dissipe l'obscurité, Zorba s'intègre en arrière-plan.

Le visage qui se cherche dans la pratique d'une gourmande sérénité emprunte à Zorba la fraîcheur renouvelée, l'étonnement émerveillé devant l'existence, à Zarathoustra l'intrépidité, à Siddharta et à Bouddha la sagesse. Consciemment ou non notre culture actuelle est imprégnée de ces modèles en devenir.

Chacun des chapitres de ce livre est une marche vers cette synthèse. Le monde est en voie de perfection et il est déjà parfait. La sagesse qui veut se communiquer a toujours un petit air de folie.

Vigoureuse et réjouissante ainsi se veut la gourmande sérénité.

## *Les enfants de la sérénité*

Il y a en eux
comme une espèce de lumière nouvelle

Repose-toi
Arrête de courir
**Tout est déjà là**
L'agitation crée de la fumée
Arrête d'être trop pressé
Pour toi, pour ta confiance
Ce qui ne peut être exprimé je le dirai
Le mot spirituel par excellence est oui
Tu veux sortir de l'insignifiance
Écouter le son de l'essentiel
Sois fluide comme de l'eau
Souviens-toi de ce qui est déjà là
Souviens-toi de ce qui est
Reviens à toi-même
Souviens-toi, centre-toi
Le vide crée de l'espace pour laisser entrer le divin
Sans attente et sans désir, sois heureux de toi-même
Et célèbre la vie
Le plus grand courage est d'accepter le tout de la vie
Et d'habiter en soi-même
Se reposer en soi-même

*L'homme de la première peau ou l'innocence joyeuse*

Redeviens l'homme de la première peau, retrouve ton innocence joyeuse.

Sur le rayon de la sagesse, la sérénité éclôt comme une fleur, se décline dans la joie intérieure et prend toutes sortes de nuances.

La sérénité, un bien convoité... et fragile. On croit souvent qu'elle est un fruit tardif qui naît du mûrissement, d'une connaissance de la vie, d'une rencontre avec ce soi-même si longtemps inconnu et fluctuant. Mais quel que soit l'âge, la sérénité ne nous échappe-t-elle pas à l'instant même où l'on croit la cueillir et la pérenniser ?

Elle se stabilise quand naît une certitude, une forme de foi et que les cellules délivrent en permanence les substances physiques qui font du corps un allié physiologique du sentiment de paix. Pas de sérénité durable sans cette complicité entre l'âme et le corps.

Pour la trouver certains n'hésiteront pas à solliciter des produits extérieurs, des euphorisants, des accélérateurs de transmissions neurologiques, des drogues diverses.

Mais le sage construit patiemment cet état par son amour de la vie.

La sérénité, processus global d'harmonisation, fait cesser les tensions et les luttes par une position centrée et heureuse. On n'est pas serein parce que, mais plutôt bien que, en se posant délibérément dans le bonheur d'exister et en accueillant avant de cueillir.

Ce plein accepte d'être encore réceptif et de laisser une place à de nouveaux éléments.

Comment aborder le sentiment de sérénité sans ressentir ce paradoxe : *Tout est déjà là,* et je peux accueillir la merveille nouvelle de chaque sensation ? La sérénité est un centrage qui multiplie la capacité à se réjouir de tout ce qui existe. C'est en ce sens et à cause de la plénitude des sens qu'elle est gourmande.

La gourmandise fait partie des péchés capitaux mais elle est de plus en plus réhabilitée. Elle n'est plus source d'excès, de désordres et de maux, elle est signe d'appétence, d'ouverture, d'aventure, de découverte, de curiosité.

La sérénité qui nous cherche n'est pas la sérénité austère, ascétique, qui procéderait d'un renoncement, d'une fermeture, d'un resserrement mais au contraire d'une ouverture. La pureté ne vient pas d'une raréfaction mais de l'esprit de l'accueil.

Notre époque va vers une gourmande sérénité.

Nous cherchons des formules de transformation en lumière. Si nous connaissons la lumière, elle nous reconnaît.

Dans cette perspective la mort est considérée comme un retour à son foyer d'origine, une guérison après une maladie, une retrouvaille après un exil.

Les enfants de la sérénité tracent une voie nouvelle : un au-delà des vieilles dualités qui opposent. Mettre des

« et », là où il y a eu tant de « ou ». Apposer au lieu d'opposer.

Midi et éternité sont des indices pour une vie nouvelle, dit Nietzsche[1]. Et voici la première clef : chaque jour, à l'heure de midi, être sensible à la beauté du monde, à ce qui culmine en soi, et se remplir du sentiment d'éternité. Plus l'être humain nourrit le vaste en lui, plus il approche de la sérénité.

« L'esprit se sent à l'aise et en confiance dans le domaine des sens comme les sens se sentent à l'aise et en confiance dans le domaine de l'esprit ; et tout ce qui se passe dans l'esprit se traduit nécessairement de façon sensible, en un bonheur, en un jeu d'une rare délicatesse... Il est vraisemblable que chez les hommes accomplis et parfaits comme ceux-là, les opérations les plus matérielles des sens sont transfigurées par une ivresse symbolique de la plus haute spiritualité, et qu'ils ressentent en eux une sorte de divination du corps. » Qui n'aspire pas à cette transformation ?

Comme si des milliers de petits soleils palpitaient et pétillaient dans les cellules.

Mais sans une expérience du désespoir radical, la révélation ne serait rien, ne serait pas « la passion du oui par excellence ». Seuls, ceux qui ont touché le fond du dérisoire de ce qu'ils sont, peuvent s'ouvrir au grand oui à la vie, à l'acceptation qui vient du cœur.

« Je me suis assez souvent demandé si, d'une façon générale la philosophie n'a pas été jusqu'à présent, surtout une interprétation du corps, un malentendu du corps. »

---

1. Sauf indication contraire, toutes les citations qui suivent dans ce chapitre sont empruntées à F. Nietzsche, *Œuvres*, Robert Laffont, coll. Bouquins, 1993.

Cette phrase du vieux maître m'a percutée depuis mes premières découvertes de sa pensée. Je n'ai même pas besoin de démonstration. J'en ressens l'évidence. La sérénité ne peut pas se poser là où se perpétuent les mystifications de la pensée et notamment la manière dont elle renie le corps.

La sérénité du peuple et des enfants relève de l'endormissement. La sérénité éveillée demande une vision large. Quand l'œil est obtus, il fait grandir le domaine du bien et du mal et les tourments des contradictions. Les gens qui se croient lucides sont souvent abattus par une mauvaise conscience, ou par une vision pessimiste. Être lucide et pourtant serein demande un tour de spirale de la conscience.

Sur quelle permanence pouvons-nous compter ? Hier, la sérénité m'habitait comme un souffle, comme une étincelle intérieure. Aujourd'hui, elle m'a quittée et je ressens comme une inquiétude sourde, une pression parfois sur la poitrine, une inquiétude illicite. Pourtant je dors comme un enfant. Et j'ai un plaisir divin à manger.

Je suis un enfant, ma tâche est de ramener mon être à cette légèreté, « c'est ma gloire et ma limite », je suis un artiste et parfois je crée du rêve pour soulager la douleur, je place un voile sur la réalité pour rendre la vie plus supportable. Je prends plaisir à un peu de mensonge. Trop de lucidité m'affaiblit. Je voudrais être un de ces écrivants qui provoquent un sentiment de liberté joyeuse, comme si je me tenais sur la pointe des pieds et, comme si, par une joie intérieure, j'étais absolument obligée de danser. Danser ma joie intérieure.

Je reconnais la tentative d'aimer et l'humilité de la relation dans cette description : « Savoir être petit pour être accessible à beaucoup de monde et n'humilier personne ! prendre sur soi beaucoup d'injustice et avoir rampé comme des vers à travers toutes espèces d'erreurs, pour pouvoir pénétrer sur des chemins secrets, auprès de beaucoup d'âmes cachées ! toujours dans une même sorte d'amour et toujours dans un même égoïsme et une même jouissance de soi ! Être en possession d'un pouvoir et demeurer cependant caché, renonciateur ! »

Rien ne nous fascine autant que ceux qui disposent de connaissance et de pouvoir et qui l'exercent avec conscience et humilité. Trop souvent les gens conscients ne sont pas puissants et les puissants ne sont pas conscients. La sérénité ne saurait être assise sur une impuissance ou une ignorance.

« Être sans cesse couché au soleil de la douceur et de la grâce et savoir cependant que l'accès du sublime est à portée de la main ! voilà qui serait une vie ! voilà qui serait une raison de vivre longtemps ! » Dans le livre *Siddharta* de Hermann Hesse, le personnage du passeur répond à cette description d'une sagesse sans ostentation et comme retenue.

*Voulez-vous faire partie de ce petit nombre qui se dépouille de la seconde peau, celle de sa maturité, de son adaptation au monde social pour retrouver sa première peau, également arrivée à maturité, mais plus vraie, plus authentique ? Cette première peau est faite d'innocence lucide. Elle est comme une naissance à la conscience.*

### *L'homme authentique*

Où donc est ma patrie ? Je me sens grandie par la solitude et amoindrie par la compagnie des autres. Un sentiment de douceur puissante m'accompagne quand je suis avec moi et c'est là qu'est ma demeure.

Je peux dire aussi exactement le contraire : je me sens

grandie par la présence des autres et amoindrie par la solitude.

Par-delà le scepticisme, j'ai cessé de dire non, j'ai appris à dire oui. Mais le non frappe encore souvent à la porte et sans sa présence persistante le oui n'aurait pas le même goût.

Je mets tellement de bonne volonté à ressembler aux autres, pour être acceptée par eux, reconnue, encensée, pour leur plaire, pour faire partie de leur tribu. Mais je suis irrémédiablement différente et c'est cette différence assumée qui leur parle.

Parfois je mets en fuite les personnes que j'aime, je leur laisse ainsi la possibilité de lâcher la séduction et de montrer leur méchanceté. Mais parfois quelle douleur, quelle descente et quelle remontée ! Faut-il donc assumer ses enfers pour connaître ses paradis et plus encore son paradis ?

Je veux devenir douce et nourrissante comme des châtaignes que l'on a mises à temps sur la braise et retirées du feu au bon moment. Les philosophes qui ressemblent à des châtaignes reçoivent la vie comme un cadeau, sans rechercher l'ambition ou la gloire ou la récompense.

Il y a une joie à persévérer dans la connaissance de tout ce qui est humain. Pourquoi, à certains moments, es-tu capable d'oublier l'existence de cette joie ? Elle est pourtant toujours là.

Quand nous marchons sur notre chemin, beaucoup de nos proches s'insurgent, s'indignent, se sentent trahis, peut-être faut-il les assurer de notre mansuétude : ils ont raison d'être là où ils sont et nous ne ferons aucun prosélytisme.

Ma honte c'est de savoir ce que je sais sans parvenir tous les jours à enfourcher ma monture et à aller vers le meilleur.

Arriver de soi-même à se supporter soi-même.

Mais pourquoi ai-je ce soir une telle tristesse au cœur

en ressentant le poids de la mort, de la dégradation physique et de la vieillesse ? Accepter de ressentir une chose et son contraire.

« Au milieu du grand nombre je vis comme le grand nombre et je ne pense pas comme je pense : au bout d'un certain temps j'éprouve toujours le sentiment que l'on veut m'exiler de moi-même et me dérober l'âme... j'ai alors besoin du désert pour redevenir bon. »

Je ne cesse de m'étonner de cette immense fatigue qui me prend dans la compagnie des autres, dans la comédie des autres. La mienne me serait-elle plus supportable ?

## *Le maître du regard pur*

L'art de voir. Je cherche le maître du regard pur en moi et autour de moi.

Je fais des expériences avec moi-même. J'ai ce droit, cette liberté, cette possibilité, ce présent éternel ; je ne galope pas entre le ciel et l'enfer, je ne cours pas pour mon salut éternel.

« Ouvre ton œil de théâtre, le grand troisième œil qui regarde le monde à travers les deux autres. »

Quelle est cette profondeur de calme et de lenteur qui m'attire dans son creux, me donne de la distance comme si j'étais provisoirement vidée de toute passion ? Comme un appel de l'essentiel.

Je suis une bonne personne, je ne fais consciemment d'heure en heure que des actions qui me paraissent justes mais ma bonté n'est-elle pas une manière de me sauver de moi-même dans les autres ? Et celui qui fuit devant lui-même, qui se déteste et se fait du mal est un altruiste suspect.

Pour oser agir, je ferme les portes du doute et le contemplatif en moi gémit.

Je sais et j'accepte de n'avoir jamais raison contre qui que ce soit, j'accepte de ne pas savoir ce qui se dit de moi en bien ou en mal, pour ne pas perdre du temps et de l'énergie dans une discorde quelle qu'elle soit, je ferme mes oreilles au blâme et à la louange. La bonne entente, l'ouverture à l'amour seraient-elles à ce prix ?

Qu'est-ce que je veux montrer ? Qu'est-ce que je veux cacher ? En quoi je me mens et me trompe ?

Toute transformation se fait en moi longtemps et à petites doses sans interruption. Les grandes choses ont besoin de la patience du quotidien. L'écriture aussi.

Il y a ces moments de nudité où tout semble délavé.

Je redoute cet état où le désir s'absente.

Ne sommes-nous pas parfois de pauvres âmes d'enfant qui s'effrayent d'un rien, qui mettent en scène leur peur et dramatisent pour exister ?

Le bonheur de ceux qui vivent centrés augmente la beauté du monde et ensoleille tout ce qui est. Les moments de communication et de partage apportent une conjonction entre le dévoilement et le sentiment de beauté.

Le poète est un visionnaire qui nous déroule les visages du possible, un astronome de l'idéal.

En écrivant quelque chose en moi change, quelque chose de plus grand que moi prend forme. Cela devient. Je suis enceinte. Le sacré se manifeste.

Selon Nietzsche, l'instinct philosophique demande « un soleil tiède, une atmosphère lumineuse et agitée, des plantes méridionales, l'air de la mer, une nourriture légère de viande, d'œufs et de fruits, de l'eau chaude pour boisson, des promenades silencieuses pendant des journées entières, une conversation peu fréquente, peu de lectures et faites avec précaution, une habitation solitaire, des habitudes de propreté... » Je ne pourrai résumer mieux ce qui m'est essentiel, ce qui me donne un sentiment de pureté et d'exaltation à vivre.

Est-ce que j'ose avancer sans me demander si quelqu'un peut me suivre ? En partie oui. En partie non. J'aime tellement partager, certains diraient me nourrir des autres et les nourrir. Même si le solitaire en moi continue sa quête de sens.

Tous les jours la question se représente sans que je puisse lui répondre de manière rigoureuse. Que dois-je encore vivre ? Quelles sont les priorités ? Qu'est-ce qui mérite que je lui consacre du temps et de l'attention ? faut-il seulement marcher, regarder, jouir, sans plus chercher à comprendre. Le summum de la sagesse n'est-ce pas cette participation à l'impalpable de la vie ?

Il y a ces moments de transparence. Je suis.

L'amant de la conscience qui est peut-être la même chose que ce que Nietzsche appelle le penseur, mène une vie peu coûteuse : « Il se meut, mange, boit et dort selon la mesure qui convient à son esprit, pour que celui-ci devienne plus tranquille, fort et clair : il se réjouit de son corps et n'a pas de raison de le craindre ; il n'a pas besoin de société, si ce n'est de temps en temps, pour embrasser ensuite sa solitude avec d'autant plus de tendresse. » Je souscris à cette description, et je reconnais la valeur de ce mode de vie.

Mais une autre partie de moi aime le mouvement, les formes, les folies, la mode, l'agitation, les excès, les débordements, le luxe et la dépense d'énergie même inconsidérée. Cette contradiction a-t-elle un sens ? Faut-il se couper de la vie féconde, futile et dépensière. Le féminin et le masculin. L'ascèse et la folie des excès.

Où se trouve donc la sagesse. Se séparer ou s'immerger. S'immerger en restant singulier ?

Chacun se sent seul parfois sur ce chemin et pourtant le défriche pour tous, chacun porte un secret, est en charge de le délivrer et conditionne ainsi l'avancée de l'humanité tout entière.

Je les vois, ces voiles d'illusions qui obscurcissent la capacité à être heureux. Le chemin de la conscience est aussi un chemin de bonheur. Quel optimisme ! Elle peut pourtant se ternir, cette pépite d'or de la joie. Comment vais-je lui assurer son lustrage quotidien ?

Par-delà le bien et le mal. En nous parle un « tu dois ». C'est par moralité que la morale courante est contestée. En l'homme de conscience s'accomplit selon Nietzsche un autodépassement de la morale. Une nouvelle éthique est la grande affaire de notre siècle. Une éthique qui ne parle plus de vertu, de vérité, de justice, d'amour du prochain, de christianisme ou de romantisme.

Dans le développement personnel je souffre d'un curieux mélange à ce sujet, aussi bien chez les auteurs que dans le public. La morale est « une grande maîtresse en séduction » et elle est utilisée par les uns et par les autres pour se rassurer et s'illusionner. Un peu de nouveauté, mais pas trop ; un pas en avant, deux pas en arrière. S'il vous plaît, pas trop de contradiction, même si, comme le dit Hegel, « la contradiction est le moteur du monde », même si nous sommes à chaque instant une chose et son contraire.

## *Le guérisseur intérieur*

Il croit à la capacité de se soigner lui-même. Il dirige son attention, sa respiration, sa détente vers les points de son corps qui souffrent. Il a l'instinct de l'autorétablissement au moral comme au physique. Il trouve du goût à ce qui lui fait du bien. Il se dirige spontanément vers les remèdes qui peuvent le soulager. Il a le sens de la mesure et son plaisir cesse quand son instinct l'avertit de l'excès. « Il fait tourner à son avantage les mauvais hasards. Ce qui ne le fait pas périr le rend plus fort. De tout ce qu'il voit et entend, de tout ce qui lui arrive il sait tirer parti d'instinct conformément à sa nature : il est lui-même un principe de sélection ; il laisse passer bien des choses sans les retenir. Il se plaît toujours dans sa propre société... il est assez fort pour que tout nécessairement doive tourner à son avantage. »

Cette phrase est devenue célèbre : « Ce qui ne me fait pas périr me rend plus fort. » Non pas qu'il s'agisse d'une vérité absolue mais d'une manière d'orienter son esprit, sa créativité, de transformer le terreau de la souffrance et de faire germer la plante. Cette détermination intérieure construit une force qui traverse les circonstances, une forme d'optimisme qui apporte à l'organisme la permanence d'un bienfait. J'ai longuement développé par ailleurs, que faire de sa blessure une perle est une clef de la vie humaine[1].

### *L'artiste vénérable de la lenteur silencieuse*

J'aimerais être de ceux qui désespèrent malicieusement les hommes pressés. Ils cultivent cet art vénérable : se tenir à l'écart, devenir silencieux, devenir lent, prendre du temps.

Cesser d'être contaminée par la précipitation, la hâte d'en finir avec tout, l'insatisfaction chronique.

Dans quelle mesure l'autre m'est-il accessible ? Quelle

1. P. Salomon, *La Spirale du bonheur*, Albin Michel, 2004.

est la transformation que j'opère par ma perception ? Agrandissement ou diminution ?

Ceux qui accusent interrogent et jugent ne sont-ils pas en projection constante de leurs identités reniées, passionnément aux prises avec une violence intérieure qu'ils méconnaissent ? La justice se trouve dans une situation périlleuse à partir de cette lucidité.

Le fanatique d'une cause se serait-il retourné contre lui-même, contre sa lucidité, serait-il, comme le dit Nietzsche, « un aveugle volontaire » ?

La sincérité est-elle « une comédie du vrai » ?

Certains hommes refusent d'être vus autrement que par la lueur qu'ils diffusent à travers d'autres, certains se cachent comme des enfants pour que l'essentiel soit cherché. L'écriture n'est-elle pas un jeu de cache-cache qui met l'esprit en alerte ?

Le penseur qui renonce à une vie compliquée s'engage sur la voie de la sérénité.

Ce dont notre époque manque le plus, c'est de profondeur, une profondeur qui stabilise, qui donne sens à l'accumulation des petits riens d'une existence.

L'agitation entraîne dans la périphérie de l'être, pollue le calme souverain du centre. La conversion intérieure est faite de centaines de rappel de soi dans une journée. Respirer en conscience.

Je ne vis pas dans les hauteurs solitaires de Nietzsche et pourtant je ressens en moi cette qualité de solitude qui m'affronte quotidiennement à la plénitude de la vie et à sa cruelle fragilité.

Un livre pour qui, pour moi, pour tout de suite, pour propulser un nouveau niveau de conscience.

## *Le fou-sage*

Zarathoustra est un sage. Que nous dit ce sage ? Que nous apprend-il que nous ne sachions déjà ? N'est-il pas ce fou-sage qui creuse autant qu'il monte ?

Nous avons besoin d'un phare et d'une foreuse pour sortir de la vieille morale du bien et du mal.

Deux idées majeures m'ont conduite à écrire ce livre. Nietzsche m'a introduite à tout jamais aux risques d'une liberté intérieure. Depuis la thèse que j'ai rédigée sur lui, j'ai beaucoup cherché et cheminé. J'ai découvert des chemins de transformation et je voudrais les confronter à l'apport de Nietzsche, perspective que je n'étais pas nécessairement en mesure de comprendre à ce moment-là. Nietzsche est un homme de conscience et d'éveil, trop souvent réduit au rôle de l'artiste fou. Pourtant, il a déblayé les éléments d'une nouvelle éthique.

Que se passe-t-il ? Quelle est cette bonne conscience qui me cherche et qui me fait déraper ? Rien ne va plus. Je m'active, je donne généreusement, inconsidérément et je me dispense ainsi de mes obligations intérieures, de ce qui me concerne au plus près, de l'effort que demande la créativité. Je ne me vends pas, je me donne. Prenez, je n'ai rien à garder, ça n'en vaut pas la peine. Servez-vous, asservissez-moi, je ne mérite pas ma maîtrise.

Si jeune et si vieille. Je n'ai rien compris encore et j'ai compris tant de choses. J'ai le désir de me rassembler, de concentrer mes forces pour monter plus haut, défricher quelques nouvelles voies qui ne concerneront qu'un petit nombre. J'ai le désir aussi de la libération du plus grand nombre au détriment peut-être de ma propre exploration, libération.

Plus je m'identifie à mon mental et plus je souffre.

Plus je vis dans le passé et le futur et plus je laisse mon mental me gouverner.

Puis-je accepter mon présent tel qu'il est, comme si je l'avais choisi, comme s'il était mon ami et non un ennemi ?

Un être de présence est comme une bûche enflammée ;

si une autre bûche est mise à son contact, elle peut s'enflammer à son tour et continuer à brûler même séparée. Tel est le rôle du maître ou du thérapeute.

Dans la mesure où je suis désidentifiée de mon mental, avoir tort ou raison n'a plus aucun sens.

Plus je suis identifiée à mon mental, et plus je vis dans la peur.

Plus je suis identifiée à mon ego, plus j'ai le sentiment d'être incomplète, insuffisante, mendiante.

*L'étoile dansante*

« Il faut porter encore en soi un chaos pour pouvoir mettre au monde une étoile dansante. »

Y a-t-il de la joie, de la légèreté, de l'aisance dans ce que je fais ? Si c'est oui, alors j'honore le temps présent.

Plus j'ai conscience de mon corps, plus je m'ancre dans le présent.

Si je n'ai pas de silence intérieur, je ne ressens pas la beauté, je suis dominée par mon mental.

J'habite mon corps de l'intérieur, je ressens la vie comme une réalité invisible et indestructible. Je ressens mon être. Je ressens mon corps subtil.

Aucune personne ayant contact avec la présence comme état ne peut lutter contre son corps.

Je suis en contact permanent avec mon corps subtil, je suis ancrée dans le présent. C'est un art de vivre.

Parce que je vis dans l'attention, je vis dans l'acceptation. J'habite mon corps, je m'ancre en lui et je sens la paix qui émane de mon être.

Par mon corps d'énergie je suis reliée à la source.

Dans la présence je suis perméable à la lumière.

Quand je prête attention au silence extérieur, le silence intérieur se pose, une porte s'ouvre.

Le vide mental est une immensité dans l'espace intérieur paisible.

La vie coule, j'accepte ce qui est sans résister.

Avec Nietzsche et le gai savoir, Zarathoustra et le surhomme, sommes-nous appelés à incarner un nouvel aspect de l'homme ?

« Comme une espèce de lumière nouvelle, difficile à décrire, comme une espèce de bonheur, d'allégement, de sérénité, d'encouragement, d'aurore... notre cœur en déborde de reconnaissance, d'étonnement, de pressentiment et d'attente... la mer, notre pleine mer, s'ouvre de nouveau devant nous et peut-être n'y eut-il jamais une mer aussi ouverte et "pleine". »

## *La réhabilitation du plaisir*

Peut-on écrire pour que la joie sur terre
s'en trouve augmentée ?

> « Que je ne sache rien de moi-même, que Siddhartha soit demeuré si étranger, et inconnu à lui-même, cela provient d'une cause, d'une cause unique : je me faisais peur à moi-même, je me fuyais moi-même ! »
>
> Hermann Hesse, *Siddharta.*

> « Les plaisirs simples constituent le dernier refuge des êtres complexes. »
>
> Oscar Wilde.

*Le plaisir est-il coupable ?*

Le plaisir est coupable. Mais de quoi donc ? Nous fait-il donc si peur ? Qui serions-nous si nous étions livrés à la multitude des plaisirs ou plus encore à l'esprit de plaisir ?

Le plaisir sensuel et sexuel a été vilipendé par des siècles d'ère chrétienne. Des kilomètres de textes emmenés par Paul de Tarse dans ses six épîtres se font les chantres de l'idéal ascétique de la chasteté. Plus l'esprit vise le ciel, plus la chair devient suspecte. Le plaisir est désigné comme une concupiscence, un appétit honteux, contraire à la réalisation de l'être. La tentation, le mal, la faute et le péché se cristallisent sur la chair, l'incarnation, la sexualité limitée à la fornication. Les plaisirs sensuels de l'ouïe, du toucher, de l'odorat, du goût détournent également de Dieu et les fonctions du boire, manger, dormir doivent se limiter strictement à la survie.

Dans l'idéal, la libido est détournée, sublimée dans des activités comme la prière, la contemplation, la méditation, et elle est censée progressivement s'éteindre. Ainsi se doivent de vivre les prêtres. Pour la majorité profane, un couple qui domestique la sexualité est l'alternative, le pis-aller qui préserve la reproduction de la race, mais le couple peut tendre aussi progressivement à une extinction du désir et du plaisir, ce qui est signe de sagesse et de vertu.

Le plaisir est sous le coup d'un interdit. Le plaisir et tous les plaisirs. La continence absolue est censée correspondre à la voie de l'âme et de l'esprit.

Toute la proposition spirituelle du christianisme vise à minimiser le corps, à dénier les manifestations de la vie. Le mariage est une formule encadrée et tolérée, mais l'adultère, la fornication et la luxure sont des ennemis majeurs. La tromperie, l'infidélité leur sont associées et colorent encore aujourd'hui notre conception des relations humaines.

Le même ordre moral continue de nous asservir même si nous sommes laïcs. Une misogynie sous-jacente, une haine des femmes et du corps continuent de marquer souterrainement les inconscients. La condamnation du plaisir correspond à une fascination de la destruction, à une négation de la vie, à l'enchaînement des désirs, à l'exploitation des uns par les autres, à la domination de l'homme sur la femme, à la guerre des sexes, à la guerre intestine que chacun mène entre le langage de la nature et le langage de la culture. Pour nous libérer, nous devons repenser le dialogue entre l'instinct et la raison, entre l'animal et l'humain.

Les idéaux ascétiques ne sont-ils pas une conception travestie de l'idéal chrétien ? N'y cultive-t-on pas la même peur du désir et du plaisir ? N'est-ce pas une façon de se dispenser d'assumer sa libido, d'exercer une haine de soi élargie en haine de soi et haine du monde ? Les théories du renoncement à la sexualité semblent issues de cerveaux masculins convertis à une pulsion de mort et au discrédit de la vie.

À l'opposé, Épicure conseille l'ouverture aux possibles du plaisir, mais comment prendre sans être pris, comment rester un homme libre, comment avoir et continuer à être, comment jouir sans devenir esclave ? Pour Épicure, la voie ascétique est la plus sûre, comme s'en tenir au pain et au fromage, mais une table chargée de mets n'est pas à refuser pourvu qu'on en use sans troubler sa sérénité. Même souci chez Démocrite. Tous les plaisirs sont acceptables pourvu qu'ils ne troublent pas la sérénité du sage. Il faut contenter le corps pour que l'âme demeure tranquille. La réalisation des désirs et des plaisirs a l'avantage de dépasser la culpabilité et le fantasme de castration.

Mais une vie consacrée au plaisir n'est-elle pas une vie trop petite, trop étriquée, manquant de perspectives et du nécessaire dépassement que demande une réalisation, une création ? L'hédoniste est-il quelqu'un qui se voile la face sur les misères du monde et ses propres misères, ou quelqu'un qui a la sagesse d'écarter les pensées négatives, de s'appuyer sur l'immédiat, de cultiver la joie, même artificiellement, de s'en tenir à l'exploration du moins pire et si possible du meilleur.

## *La sérénité-attitude*

Le diagnostic de Nietzsche est impitoyable. Le plaisir et les plaisirs sont sous le contrôle dominant de la haine de soi, sont barrés et contaminés. D'où vient ce mal rampant et comme inscrit culturellement jusque dans nos cellules ? D'une coupure, d'une pensée dualiste qui dissocie l'âme et le corps et qui instaure une supériorité de l'âme sur le corps. Dans une retraduction toujours actuelle on pourrait dire que la pensée matérialiste d'un côté tend à donner une valeur primordiale au corps et que la pensée spiritualiste tend à conserver cette suprématie de l'âme.

Méfions-nous des spiritualistes, méfions-nous du spiritualiste en nous qui n'hésite pas à cultiver des mystifications de consolation face aux mystères de la vie et de la mort, à la difficile acceptation de la mort. Les thèses spiritualistes malgré leur fonction « ouateuse » sont porteuses de mort dans la vie. Elles crient haro sur le plaisir. Le mot et la chose sont sous haute surveillance.

Le mot lui-même a une odeur sulfureuse, il introduit un autre mot presque difficile à prononcer, qui écorche la bouche de haine sous-jacente : *jouir.*

Acceptons-nous que notre journée comporte un maximum de plaisirs ? Plaisir d'ouvrir les yeux sur une personne aimée, plaisir des draps chauds sous lesquels on s'étire, du rai de lumière ensoleillé qui passe à travers les volets, plaisir de deux peaux qui se touchent, de deux corps qui s'emboîtent, plaisir du désir, différé puis réalisé. Les odeurs, les rires, l'eau qui coule, le gant rêche qui frotte la peau, la peau rougie, la sensation de vitalité intense, l'huile essentielle de lavande ou de pamplemousse. L'attention aux petites choses, la représentation heureuse des petites choses. La force du matin. La serviette chaude qui vient s'enrouler sur le corps frémissant. Le soupir de la nudité. Plaisir ambigu de choisir un sous-vêtement comme la fin d'une innocence heureuse de la nudité. Une entrée en société recommencée chaque jour avec le premier geste pour se couvrir et se parer. L'art du visage composé, recomposé au fil du temps et de la fatigue. Un visage ordinaire, plaisant, déplaisant, froissé de rides et de plis d'oreillers, un éclat dans le teint, une vivacité dans l'œil, une discipline des cheveux. Arranger, déranger, nacrer, booster, colorer, créer de la beauté là où la nature se laisse aller au blafard désordonné. Le plaisir d'un matin pimpant. Les baisers du matin. Se serrer longuement dans les bras. Longuement malgré le temps qui court... La rondeur du petit déjeuner. Les odeurs encore du pain grillé et du café. Le pétillant du jus de pamplemousse frais. L'arôme subtil du thé. La joue rasée. Se poser. Accueillir la journée qui se structure. Respirer, humer l'odeur de l'air, écouter l'ardeur joyeuse des oiseaux. Ressentir ce que chaque instant a de subtil, de fragile. Chaque instant est unique et ne reviendra pas ou pas tout de suite. Le moindre gramme de conscience peut-il se perdre ?

Le plaisir de vivre se tisse à tous les plaisirs fil à fil, couleur après couleur, motif après motif. Dans l'oratoire intérieur les trois lumières sont allumées, le jeu de la conscience est commencé, grand théâtre où les excès d'un pôle à l'autre se confrontent à un troisième terme de l'ordre possible de la grâce.

Marcher sur le sentier au propre comme au figuré. Qui dira le souverain plaisir de la marche, son innocence et son apport d'immédiat ? Le corps se réjouit, le souffle s'équilibre, l'harmonie se construit, la détente s'opère. Comme les pensées sont plus vives et plus saines, elles sont d'inspiration solaire, rien à voir avec les pensées nocturnes qui saisissent parfois d'inquiétude au petit matin. Celles-là sont des dévoreuses.

Plaisir de manger, d'avaler le monde ou déguster tranquillement, passionnément.

Un choix d'aliments qui apportent de la vitalité. Un bon goût et une sensation de se faire du bien. Peut-on parler de sagesse du bien-manger et du développement d'une sérénité-attitude ? Est-il possible que nous arrivions dans cette humanité à ce point d'évolution où nous pouvons choisir par la volonté, la qualité de notre présence au monde ?

Prendre du temps le matin, du temps pour habiter son corps, le laver, le soigner, le parfumer, l'aimer, le nourrir. Prendre du temps pour se sentir en harmonie avec ce qui nous entoure au plus proche et nourrir le vaste en nous. Se sentir partie intégrante de cette percée de conscience qui s'opère à travers les âges. Se centrer dans sa joie intérieure, joie transparente et sans but.

Gourmande sérénité. Expansion et centrage. Boire la beauté du monde. Affiner le filtre qui reçoit. Tout est déjà là. Ma journée construit encore, apporte sa pierre à l'édifice du faire, mais suis-je capable de m'ouvrir et d'accueillir ce qui s'offre sans effort ? La vie. Chaque goutte de vie. La lumière change sans cesse. Tout est plénitude. Comment rendre grâces ?

Oser se détendre et se poser. Ne pas se faire rattraper par l'anxiété d'une marche en avant. Les projets sont là, ils m'assaillent, ils remplissent mon champ de conscience. Ils font battre mon sang plus vite, ils me fouettent, ils me jettent en avant là où déjà je ne coïncide plus avec ce moi-même si divinement paisible.

Où est la bonne conscience du plaisir de vivre ? Je la

reconnais, je peux la nommer, mais je suis taraudée par la mauvaise conscience qui m'intime l'ordre de prévoir mon avenir, qui m'empoisonne, qui altère mes forces vives consacrées à la jouissance de l'instant, à la réjouissance. Jouir et se réjouir de jouir.

La pensée et les pensées déjà m'éloignent. Fracture d'abîme entre le ressentir et la pensée. Plaisir de comprendre pour retrouver le fusionnel du ressentir. Mon cœur a des ailes de colombe. Illusion. Plaisir de lire, de rencontrer l'autre dans ses lignes, de dialoguer avec lui sans la personnalité ou ne deviner qu'à peine cette personnalité. Construire ensemble une pensée toujours plus lucide qui soupçonne l'aliénation. Nous revenons de trop loin avec le péché, la faute et les « je dois ».

Vais-je apprendre à soulager ma mauvaise conscience ? Le plaisir insiste et me rattrape. Plaisir du cuir dans le siège de ma voiture ; plaisir de conduire, de poser mes yeux sur les perspectives changeantes du chemin, les arbres en fleurs de ce printemps radieux. J'ai faim. Plaisir de sentir cet appel, de couper les légumes, de renouer avec cette communion millénaire du geste qui entretient la vie. Manger cru. Se connecter intérieurement à la vitalité de ce que l'on absorbe.

Avoir conscience que cet acte de manger est incroyablement intime. Passer de l'extérieur à l'intérieur. Opérer cette alchimie de la mastication et de la digestion. Le plaisir d'un organisme en bon état dans cette fonction d'assimilation est intense. Quand l'huile d'olive se marie avec le citron. Quand une parcelle de chocolat amplifiée par le café – à moins que ce ne soit l'inverse – vient inonder les papilles.

Quand le plaisir devient sensation précise au niveau du crâne, presque localisable. Et si j'utilisais toute la journée à conserver et amplifier mon attention sur cette sensation au niveau du cerveau ?

Si le café vient mordre mon calme, met en moi une agitation artificielle, déclenche une accélération, le plaisir se paye d'une complicité à une destruction, aussi minime soit-elle. Qu'en est-il de substances plus lourdes de conséquences comme l'alcool ou les différentes drogues ? Qu'en est-il de plats en sauce gras ou sucrés ? de la cigarette ? Certains plaisirs se révèlent des poisons. Ils ne servent pas la vie. Ils font lourdement payer ce qu'ils donnent. Ils nourrissent une tendance de la psyché qu'il faut bien nommer haine de soi. Est-il possible de repérer ces plaisirs qui coûtent cher, est-il possible de les contrôler, de les maîtriser ? Tout dépend de la structure psychique et des besoins qui se sont installés dès la petite enfance en fonction des héritages familiaux. Pour les uns, le cortex prend rapidement le relais sur les zones plus archaïques et fusionnelles. Pour les autres, le vertige ancien garde le pouvoir et dirige l'ensemble. La volonté consciente reste sans effet.

Ceux qui ont une bonne nature sont ceux qui ont très vite compris qu'ils ne pouvaient compter que sur eux-mêmes et qui ont développé leur volonté créatrice. Les autres se comportent volontiers en victimes, attendent un secours de l'extérieur, et subissent plus qu'ils n'agissent. N'y a-t-il pas un plaisir à être cette personne qui se laisse glisser, qui ne dirige rien ? Cette passivité se teinte de réceptif, se justifie parfois comme un destin et prend une dimension de pathos.

Plaisir inversé de se remplir de mort. Et parfois je sais et je cède à ce qui devient une tentation. Le seul péché véritable vient de cette complicité avec la pulsion de mort. Je sais que telle forme de plaisir me détruit et je le consomme quand même. Je défie la mort et plus je la défie, plus j'aime la défier. L'instant a pris le pas sur la durée de manière pathologique, l'instant compromet la durée, il n'y a plus d'alliance possible.

Plaisir de bouger, de faire du sport, de jouer, de danser, de rêver, de créer, de parler, de bâiller, de dormir, de dépenser de l'argent, d'apprendre, de réaliser, de rire, de sauter, de se dépasser, de faire le jardin, d'enseigner, de donner, de prendre, de faire l'amour, d'aimer, de guerroyer, d'échanger, de communiquer, de communier, de voler, de ramper : toute notre journée les plaisirs se succèdent persillés de déplaisirs, de contrariétés ou de souffrances. Quand un plaisir se révèle destructeur, ne pas focaliser de l'énergie contre lui mais le remplacer par un autre plaisir. L'équilibre des plaisirs constitue le socle fragile sur lequel danse en nous le désespoir de mourir. Peu à peu l'être fait son plein et constitue ce socle de sagesse, de détachement dans l'attachement, de sensualité vibrante qui se pose dans l'instant sans plus se soucier du moment suivant. L'intensité de la vie est à elle seule sa réponse.

Réhabiliter le plaisir, c'est lui donner une conscience, une bonne conscience en usant de son discernement.

## *La haine de soi*

> « Ne faut-il pas d'abord se haïr si l'on doit s'aimer ? Je suis ton labyrinthe. »
>
> Friedrich Nietzsche,
> *Dithyrambes de Dionysos.*

Entre le plaisir instinctif de vivre et le moi réconcilié il y a ce moi mental si lourd à porter au quotidien, isolé dans sa prison de chair, si singulièrement porté à agir ou à se fuir.

Je crois que nous ne regardons pas assez les moments compulsifs de haine de soi qui surgissent plus ou moins régulièrement dans une vie, une journée, agissent souterrainement ou se manifestent au grand jour. Je voudrais prendre au vif ce déferlement.

Souvent il m'arrive en regardant quelqu'un de me demander comment il se vit dans son corps, ce qu'il ressent, quels messages lui arrivent de son estomac, de son intestin, de son dos. Comment s'accommode-t-il de ses différentes petites souffrances ? Quel dégoût lui inspirent ces petites misères ? Quelle désespérance cultive-t-il à partir des inquiétudes que lui inspire sa santé ? Sommes-nous identifiés à ces sensations venues du corps ? Dans quelle mesure avons-nous la possibilité de ne pas les entendre, de passer au-delà, de vivre au-dessus de notre condition physique ? Tous ces politiques, administrateurs, financiers, dirigeants de tout poil, principalement des hommes, sont-ils vraiment ces cerveaux rationnels qu'ils tentent de jouer ?

Comment les croire ? Sont-ils vraiment passés dans le camp de l'invulnérabilité ? Ignorent-ils à ce point leur nudité, leur laideur, leur maladie ? Ne vivent-ils pas tous au-dessus de leurs moyens ? Une sérénité affichée est le comble de leur affirmation et sans doute un mensonge éhonté : ils sont en paix avec eux-mêmes, ils peuvent apporter la paix et le bien-être à ceux qu'ils gouvernent. Faux. Ils se détestent, ils sont malades d'eux-mêmes, ils détruisent leur corps à petit feu. Ils ne savent pas le sens de la grande santé nietzschéenne.

Un regard dans le miroir. Une calvitie, un bourrelet, un nez trop long. Pas de charme. Une batterie de complexes physiques. L'âge venant, une décrépitude constatée au jour le jour ou qui saute aux yeux brusquement après des années de cécité. Quelle est donc cette laideur que j'impose au monde, quel message reçoivent ces yeux qui se posent sur moi ? Ne suis-je pas sans le vouloir un agent du mal de vivre, un propagateur du néant ? Inlassablement mes yeux pétillent, mes mèches se gonflent, mon allure se fait plus allègre. Brefs instants de résurrection. Aussitôt suivis d'abattement, de fatigue, de fragilité. Tant que le regard des autres me porte, je suis comme un acteur qui peut mettre de beaux costumes, plein d'allégresse et de faux-semblants. Mais les projecteurs s'éteignent, le rideau tombe et les traits de mon visage retombent. Une lutte entre la simulation et la loyauté se livre au sein de chaque être. Chacun veut se monter à son avantage et si possible même mieux qu'il n'est, chacun s'illusionne et endosse le costume de l'illusionniste. Mais le désir d'authenticité reste tapi et nous rattrape.

D'où vient cette dualité ? À quel âge commence l'ère du mépris de soi ? Comment la juguler ?

Zarathoustra, le sage interprète de Nietzsche, répond : en pratiquant l'art de la légèreté, du rire et de la danse, en délivrant non seulement l'âme mais le corps.

Faire semblant d'être comme tout le monde. Chacun sait bien qu'il est unique, mais chacun joue dans la convention que nous sommes tous les mêmes pour échapper à la singularité et à la solitude, pour intéresser l'autre et s'intéresser à lui.

Qu'est-ce qui force quelqu'un à se confondre avec le troupeau ? Il y a une grande différence entre ceux qui assument leur solitude, en général ce sont des artistes, et ceux qui se nourrissent des attitudes convenues, courant derrière les obligations, le bruit et les certitudes des autres.

### *Penser par soi-même*

Sois toi-même. Le plaisir souverain n'est-il pas d'être soi ? Notre époque entend cette injonction mais bien souvent désespère devant son poids. Les politiques ne sont pas des hommes vivants mais « des apparences d'hommes accordés à l'opinion publique[1] ». Celui qui ne pense pas par lui-même est une sorte de paresseux qui tue le temps. Il n'y a rien de plus important que d'essayer de se libérer intérieurement, de participer à la grande aventure collective de libération. « Personne ne peut te construire le pont sur lequel tu devras franchir le pont de la vie, personne hormis toi seul. »

Ce qui transcende cette fragilité corporelle, cette toujours imminence de la mort, c'est cette dignité intérieure d'être le support d'une conscience à délivrer, qui infuse une vie éternelle, un sentiment de vastitude et de tranquillité passionnée. Un chemin de certitude incertain.

« Un homme ne s'élève jamais plus haut que lorsqu'il ne sait pas où son chemin peut le conduire. »

Si je me retourne sur mon passé, je vois les barreaux de l'échelle qui m'ont permis d'arriver jusqu'à une certaine distance d'un soi qui se trouve encore au-dessus car il est mon essence, le noyau de mon être.

La complexité est une source de mécontentement de soi : « Les hommes sont devenus si multiples et si compliqués, qu'il leur faut devenir déloyaux dès qu'ils veulent parler, poser des affirmations et agir d'après celles-ci. » Allons-nous apprendre à nous simplifier ? L'usage même des mots comporte quelque chose de déloyal. Quand j'étais enfant je pensais qu'il fallait redéfinir chaque mot avant de se comprendre vraiment.

Nietzsche parle de sérénité rassérénante, car il existe, selon lui, deux sérénités. Il y a celle qui exprime une victoire avec de la force et du courage, de l'assurance et de la simplicité. Par contre ceux qui sont sereins sans

---

1. Sauf indication contraire, toutes les citations qui suivent dans ce chapitre sont empruntées à F. Nietzsche, *op. cit.*

profondeur sont comme des imposteurs, ils n'ont pas combattu les monstres. Cette sérénité « chagrine, car elle est une duperie, elle veut faire croire à une victoire. *La sérénité n'existe que lorsqu'elle est le résultat d'une victoire* ».

S'approcher de l'un de ces victorieux est un cadeau royal, une contamination positive qui permet de se sentir meilleur, plus joyeux et plus vivant, plus près de la beauté.

C'est ce que j'éprouve en lisant Nietzsche, une exaltation sans limite pour tant de hauteur et de profondeur. Il est l'un de ces victorieux.

Mais il est aussi l'un de ces souffrants, l'un de ces enfants d'une époque malsaine, héritier de maux collectifs, de handicaps dans la possibilité d'aimer et de se réjouir de la vie. La haine de soi s'alimente à ces malaises ambiants qu'il faut reconnaître et traverser pour atteindre une vision altière et fière de soi-même et de la vie.

L'homme créateur peut justifier du fond du cœur cette existence, elle lui suffit. Par contre l'homme cultivé, à l'intelligence éclairée, est souvent aujourd'hui une sorte de sceptique intelligent, ennemi de cette approche fine du noyau de l'être. Ceci est tout particulièrement vrai en Occident. Toutes les formes d'approche d'une connaissance intime de soi sont rejetées, qualifiées d'irrationnelles alors qu'elles sont une eau vitale pour une terre assoiffée et desséchée par l'intellect ambiant. La culture actuelle est trop souvent l'ennemie d'une culture vraie.

Elle garde la logique de maître Eckart : « L'animal le plus rapide qui vous porte à la perfection est la souffrance. » Ce mauvais amour de soi est-il propre à fouetter une transformation ? Faut-il accepter une forme d'héroïsme, rester toute sa vie dans le labeur et l'ingratitude du monde au nom de la vérité avant de s'éteindre dans un nirvana incertain ? Souffrance, dépassement, sacrifice, ces mots n'ont pas encore disparu.

La haine de soi, c'est aussi accepter de s'oublier, se laisser distraire, divertir par toutes les babioles, se disperser à tout vent. Chacun fuit devant lui-même, chacun refuse de montrer cette fuite aux autres. Les mots deviennent des grelots qui affublent la vie. Nous acceptons de nous étourdir en société pour ne pas être confrontés à nous-même.

Nous sommes dans la hâte de la consommation, dans une chasse au plaisir qui met des rides sur les visages. Nous sommes les esclaves des trois M, le moment, la mode, les manières de voir. Une élégance mensongère tente de cacher la maladie de la hâte. Être cultivé signifie ne pas laisser voir sa misère intérieure, son besoin de jouissance et de reconnaissance, son besoin de se remplir en collectionnant les sensations neuves. Même le philosophe se fausse souvent compagnie à toutes jambes par peur de soi puis, curieux de lui-même, revient chaque fois aussi vite.

*« Il y a autour de celui qui s'aime comme la transfiguration d'un soir d'été. »*

Devenir un héros de la conscience permet de cesser d'être un jouet du temps. « L'énigme que doit deviner l'homme, il ne peut la deviner que dans l'être, dans ce qui est ainsi et pas autrement, dans l'impérissable. »

S'aimer consiste à dépasser son seul besoin individuel de bonheur, explorer un fond sans espoir et vivre le retournement. Cher Nietzsche, je poursuis cette exploration avec toi. Et je mesure l'importance que tu donnes à cette face d'ombre. À chaque instant je dois l'affronter. Je reconnais de plus en plus clairement que je suis double, que je cherche à juguler une dimension négative et à coopérer avec les autres pour que triomphe la joie. Avons-nous consciemment choisi notre camp ? Tu parles d'un acharnement envers soi-même dans les manifestations les plus sublimes. Je constate que je retourne contre moi-même ma tendance à la domination, mon mécanisme de domination. Je me tyrannise en plaçant la barre très haut. Je définis des exigences que je mets au-dessus de ma tête, je ne réussis pas à les satisfaire et je nourris du mépris pour moi-même, je m'humilie et me rabaisse, je nourris une mauvaise estime de moi.

« Dans toute morale ascétique l'homme adore une partie de soi comme une divinité et doit pour cela nécessairement rendre les autres parties diaboliques. » Ainsi, trop d'exigences nuisent. Qui veut faire l'ange fait la bête.

« L'homme des idées modernes, ce singe infatué est furieusement mécontent de lui-même... il pâtit et sa vanité lui permet seulement de compatir. » J'ai bien du mal en effet à me maintenir à la hauteur de mon exigence et je m'exerce à la compassion pour les autres de manière sans doute à être plus clémente avec moi-même.

Quand tu parles du métis européen à qui toute l'histoire sert de garde-robe, je suis éblouie. Tu illustres au propre et au figuré la mode, les modes, vestimentaires, artistiques, spirituelles. Rien ne nous va et rien ne nous habille. « On ne cesse pas d'essayer de nouveaux costumes, archaïques ou étrangers, de s'en draper, de les ôter, de les remettre dans leurs cartons et surtout de les étudier. » L'Occidental s'habille en Oriental et ne parvient qu'à défigurer ce qu'il copie. Les modes des décennies précédentes reviennent régulièrement en surface et repartent la saison suivante. Une mentalité ivre et inassouvie semble présider à toutes ces errances qui se payent de travail, de souffrances et de pertes de sens.

Que nous reste-t-il comme avenir créatif, sinon le rire, le grand rire, le gai savoir, en secouant ce qu'il reste de chaînes du devoir, même pour ceux qui se disent des esprits libres.

Comment survivre à une pareille lucidité ? Je ne suis qu'un feu follet, qui ne veut pas jouer au grand esprit. La révélation du grand mépris des honneurs et des déifications m'a atteinte depuis longtemps. J'écoute en silence et en distance intérieure ceux qui ont besoin de diviniser, de s'admirer eux-mêmes à travers de grandes figures ou supposées telles. La foule adore un dieu qui n'est souvent qu'une victime. « Les grands hommes [...] sont de mauvais petits poèmes faits après coup », de la « fausse monnaie ». La foi en soi-même est souvent nourrie par les flatteurs enivrés, fausse foi qui vient remplir un doute, un scepticisme abyssal sur l'image de soi. Comment ne pas avouer pourtant qu'il est des moments où l'admiration et l'amour que l'autre donne apportent une rémission à la haine de soi ?

Nietzsche dit que la femme plus encore que l'homme croit que rien n'est impossible à l'amour et qu'on la trouve à l'œuvre près des grands hommes, prête à dispenser inlassablement sa compassion et son dévouement. C'est vrai, je les vois, ces femmes à vocation de muse qui bataillent souterrainement avec leur impuissance créatrice dans l'entourage des psychothérapeutes, des écrivains et penseurs de tout poil. Mais elles changent, ces femmes, et elles portent de plus en plus leur attention dans leur propre direction, elles servent leur propre génie.

L'amour humain, trop humain, laisse toujours insatisfait et affamé. Il n'y a que Dieu qui puisse remplir l'aspiration absolue de l'amour, qui soit tout amour. Ceux qui désormais connaissent ce secret chercheront l'amour dans la mort, dis-tu, et on peut se demander dans quelle mesure Jésus n'était pas l'un de ces grands affamés d'amour. Terrible lucidité.

Mais n'est-ce pas justement en apprenant à s'accepter, à s'aimer lui-même que l'humain peut parvenir à se sortir de cette ornière ? Il n'y a pas de réponse dehors, il n'y a de réponse que dedans.

Sommes-nous capables d'aimer quelqu'un d'autre ? N'y a-t-il pas en nous perpétuellement un refus de l'autre, qui fait que nous ne pouvons pas le sentir même si parfois nous trouvons qu'il sent bon. Plus le besoin intérieur de propreté intérieure s'affirme, plus une personne se sent condamnée à l'isolement pour ne pas s'éloigner de ce qui est clair, délicat, lumineux.

### *Sortir de la haine de soi et respirer un air léger qui joue librement*

Il y a deux manières de sortir de la haine de soi, par le haut ou par le bas, en devenant l'homme du ressentiment ou en devenant l'homme noble.

Commencer par le haut permet à l'espoir de s'installer. L'âme est posée dans une forme de foi, de certitude intérieure, elle ne cherche pas, elle ne trouve pas, elle ne se perd pas, elle est. L'âme noble vit dans le respect d'elle-même.

Par le bas, le ressentiment contre quelque chose d'extérieur est une démarche commode, efficace. Il oppose un non à ce qui est différent de lui et son combat désormais lui donne de la valeur. Il est en réaction, il se construit en révolté chronique. Il rassemble facilement les insatisfaits.

J'ai appris à me méfier de mes déjections, de mes propos négatifs sur le temps, les gouvernements, les États, l'époque ou les voisins. Je sais qu'ainsi je me gonfle de fausse importance. Je me défausse de ma haine de moi-même en la posant à l'extérieur. L'homme du ressentiment est aussi celui qui a une âme qui louche, un esprit qui aime les recoins et les faux-fuyants. Il s'empoisonne en créant le méchant, il s'illusionne en se donnant le rôle du bon. Ce ressentiment a son origine dans un refus de la vie. Il est une maladie ; libérer l'âme du ressentiment est un acte de guérison. On ne le rappellera jamais trop. La capacité à baver sur l'autre est nuisible et ne construit rien. C'est un remède dangereux à la haine de soi.

Se remplir par sa solitude, retrouver la grande santé intérieure par la pratique délibérée de cet isolement, voilà qui paradoxalement apporte une solution. Zarathoustra nous le dit, le dégoût de soi et des autres se dépasse par l'élévation :

« Oh ! je l'ai trouvée mes frères ! Ici au plus haut jaillit pour moi la fontaine du plaisir ! Tu jaillis presque avec trop de violence, source du plaisir ! et souvent tu renverses de nouveau la coupe en voulant la remplir ! »

La source et la coupe sont deux mots-clés dans la vie intérieure. Quand la source est bouchée avec des pierres, la vie se trouve tarie. La vigilance intérieure consiste à veiller à entretenir l'écoulement de la source, mais aussi à la canaliser pour que son impétuosité ne soit pas destructrice. La coupe de la joie se remplit mais elle peut aussi être débordée par la violence du flot. Ce qui est cherché, souhaité, c'est une bienheureuse tranquillité.

« Venez ô mes amis que ce calme grandisse en moi. Nous bâtirons notre nid sur l'arbre de l'avenir. »

Partager la source du plaisir, se réjouir ensemble, boire l'eau qui coule.

## *Le plaisir : une abondance de vie*

Plaisir, bienheureuse félicité, tranquillité : tous ces mots déclinent les aspects de la même source, de la même abondance intérieure.

Il y a dans l'être humain une possibilité de dépassement qui ne réside pas seulement dans une voie religieuse de renoncement mais dans une approche du cœur de l'être. Je n'ai jamais cru à l'ascétisme, même si la voie du plaisir s'accompagne aussi d'une ascèse. « Le combat pour le plaisir est un combat pour la vie. » Le plaisir de vivre est au centre de cette approche.

Pour beaucoup de gens, le plaisir s'identifie au plaisir amoureux et sexuel, au plaisir esthétique, au plaisir sportif et au plaisir de manger et, dans tous les cas, il s'agit d'incorporer un élément extérieur, le plaisir de se remplir, d'être rempli se conjoint à la sensation venue du sens lui-même ou des sens conjuguant l'olfactif et le gustatif ou la vue, l'ouïe, le toucher, le gustatif et l'olfactif. Dans l'amour ou dans la dégustation, plusieurs sens coopèrent à la notion de plaisir, à la fois dans la préhension active et dans la réceptivité. L'attention donnée au plaisir conjugue le réceptif et l'actif et comme telle participe du mariage intérieur.

Le mystère du plaisir, sa participation à l'éclosion du meilleur de l'humain inspire Nietzsche ; mais en même temps il dénonce une pensée qui peut s'arrêter au seul bien-être. Pour lui l'hédonisme, le pessimisme, l'eudémonisme, toutes ces philosophies qui mesurent les choses d'après le plaisir et la douleur, sont des philosophies superficielles.

Le développement actuel d'une connaissance de soi peut aussi se limiter à un narcissisme, un tout pour soi qui isole dans un chacun pour soi. On peut devenir dépendant, et s'engloutir dans la recherche du bien manger, bien dormir, bien baiser, bien s'informer. Il y a tant de manières de se fuir soi-même.

« Le bien-être tel que vous le concevez, ce n'est pas un but à nos yeux mais une fin, un état qui rend l'homme méprisable, qui fait souhaiter sa disparition. »

L'état de créateur est opposé à l'état de créature. J'aime bien cette distinction que j'emploie souvent entre celui qui subit et celui qui œuvre.

Il s'agit de nettoyer le devenir, de le débarrasser du châtiment et de la faute, de lui rendre son innocence. C'est là la grande délivrance. « Il n'y a rien qui permette de juger, comparer, mesurer notre existence. »

Nietzsche dénonce Kant qui considère le plaisir comme une abjection et il se réclame lui du plaisir de travailler, de créer et de penser. Dans l'Antéchrist, c'est bien la prépondérance des sentiments de peine sur les sentiments de plaisir qui est la cause d'une morale et d'une religion fictives. C'est la haine du naturel qui a permis le développement d'une civilisation décadente.

« Pour pouvoir dire non en réponse à tout ce qui représente le mouvement ascendant de la vie, à tout ce qui est bien né, la puissance, la beauté, l'affirmation de soi sur terre, il fallut que l'instinct du ressentiment devenu génie, s'inventât un autre monde, d'où cette affirmation de la vie nous apparut comme le mal, la chose réprouvable en soi. »

Ainsi la haine de soi se renforce d'un sentiment collectif, d'un instinct du ressentiment qui agit souterrainement. Le plaisir des sens, le plaisir à vivre, l'attention aux petites choses comme aux grandes sont incluses dans l'engloutissement et le ressurgissement. Comme une statue d'or souillée, ternie, enfouie dans des immondices et qu'il faudrait maintenant nettoyer, frotter pour lui permettre de retrouver sa luminosité.

« À l'égard des artistes de toute espèce je me sers maintenant de cette distinction capitale : est-ce la haine contre la vie ou bien l'abondance de vie qui est devenue créatrice ? » Ce critère aurait bien besoin d'être mis en application dans l'art actuel.

L'effort intellectuel lui-même a quelque chose d'antinaturel que Nietzsche avait perçu et vécu. Il acceptait ce rôle d'holocauste notamment pour dénoncer la morale chrétienne et l'inversion des valeurs : « On a enseigné à mépriser les tout premiers instincts de la vie ; on a imaginé par le mensonge l'existence d'une "âme" et d'un "esprit" pour ruiner le corps... dans la sexualité on a enseigné à voir quelque chose d'impur ; dans la très profonde nécessité de la croissance, dans le sévère amour de soi on a cherché le principe mauvais ; au contraire dans le signe typique de la dégénérescence et de la contradiction des instincts, dans le "désintéressement", dans la perte du centre de gravité, dans la "dépersonnalisation" et "l'amour du prochain" on aperçoit la valeur supérieure. » On n'a jamais enseigné à l'humanité que des valeurs de décadence déguisées en valeurs supérieures. Sans cette entreprise de dénonciation, l'humanité ne peut pas se défaire de ses couches polluantes. Aujourd'hui encore nous sommes empêtrés dans cette manière de considérer le monde.

Définition de la morale : « idiosyncrasie des décadents avec l'intention cachée de tirer vengeance de la vie ». Dans tout ce qui ressemble à l'amour du prochain il y a quelque chose de douteux tant que l'amour de soi n'est pas fortifié.

L'amour de la vie, l'idée directrice de la réhabilitation du plaisir et particulièrement du plaisir central d'être soi. On devient ce que l'on est par un art de la conservation de soi, un art de l'égoïsme, une attention aux petites choses, alimentation, lieu, climat, récréation, détente qui sont plus importantes que les chimères que proposent les mots comme dieu, âme, vertu, vérité, vie éternelle. Un changement de point de vue est nécessaire.

« Même dans les moments où j'ai été gravement malade je ne suis pas devenu morbide. » Encore et toujours rester au service de la vie et que l'œuvre écrite porte la trace de ce gai savoir. Pendant les jours où Nietzsche a écrit de grands textes il dit qu'il n'a jamais mieux dormi et mieux mangé et qu'il aborde les grandes choses dans le jeu.

Philosophie du corps, philosophie de la santé, cet homme aux prises avec la maladie une grande partie de sa vie dira : « Je me suis pris moi-même en traitement, je me suis guéri... la condition pour réussir une telle cure c'est d'être bien portant au fond. Pour l'être bien portant – il veut dire psychologiquement –, le fait d'être malade peut au contraire faire office de stimulant énergétique pour la vie, pour davantage de vie. » Il parle de l'instinct de l'autorétablissement, ce pouvoir intérieur de guérison qu'on retrouve aujourd'hui chez de nombreux auteurs. Soyons à nous-même notre propre médecin et découvrons ce pouvoir intérieur qui vient de l'être.

La vie sexuelle en particulier a besoin d'être nettoyée de l'anathème qui pèse sur elle. « La prédication de la chasteté est une incitation publique à la contre-nature. Le mépris de la vie sexuelle, toute souillure de celle-ci par l'idée d'impureté est un véritable crime contre la vie, le vrai péché contre le Saint-Esprit de la vie. » Nous pouvons croire aujourd'hui que nous sommes ouverts au Saint-Esprit de la vie, que notre sexualité est plus libre, mais dans le concret de nos relations nous sommes souvent encore empêtrés entre un déni sexuel et une obsession.

« Pardonnez-moi, mes amis j'ai osé crayonner au mur mon bonheur. »

On rassemble beaucoup plus de gens autour du malheur que du bonheur. Des milliers de gens se fuient eux-mêmes et fuient l'ennui qu'ils éprouvent avec eux-mêmes. Ils ont besoin de malheurs, ils les choisissent et les créent en dehors de leur sphère personnelle au lieu de s'occuper d'eux et de croire au bonheur possible. Il faut réhabiliter l'égoïsme. Pas de noblesse chez un être sans ce retour sur soi, cette passion intérieure, cette qualité de présence qui communique aux choses et aux êtres une chaleur.

Le désir et la volupté ont partie liée avec le plaisir. Le bonheur du jardin de la terre est fait d'innocence, de liberté, de « débordante reconnaissance de l'avenir pour le présent ».

« Les pénitents en cilice » et la canaille s'affolent et se consument à ce feu, mais pour ceux qui sont reliés à leur être, c'est une promesse d'union, un grand cordial et une félicité.

Parfois le désir se tait, il n'y a plus rien à vouloir, quelques minutes l'être prend le relais et s'arrondit dans sa plénitude.

« Que la hauteur solitaire ne s'esseule pas éternellement et ne se contente pas de soi ; que la montagne descende vers la vallée... Vertu qui donne, c'est ainsi que Zarathoustra appela jadis cette chose inexprimable... et sa parole fit la louange de l'égoïsme, le bon et le sain égoïsme qui jaillit de l'âme puissante. » La sagesse solaire revient vers la vie, elle ne s'isole pas sur les sommets, l'élévation n'est pas son but unique, la dématérialisation n'est pas sa voie, Elle donne non par vertu mais par nature comme le soleil.

La sagesse solaire n'est pas la sagesse d'ombre nocturne qui se lamente, elle n'est pas humble, ni craintive, ni servile, ni lâche, ni fausse, ni désintéressée. C'est l'heure de Zarathoustra, l'heure du grand midi.

Le grand désir est celui de l'âme. « Ô mon âme je comprends le sourire de ta mélancolie : ton abondance tend maintenant elle-même les mains pleines de désirs ! Ta plénitude jette ses regards sur les mers mugissantes, elle cherche et elle attend : le désir infini de la plénitude jette un regard à travers le ciel souriant de tes yeux ! »

La sagesse ne saurait se couper de la vie, elle n'a de sens que mise au service du plus quotidien.

« La vie m'était plus chère que ne m'a jamais été toute ma sagesse. »

### *Morale des maîtres et morale des esclaves*

Nietzsche voit la morale comme une illusion, une interprétation, un art. La morale chrétienne est dénoncée comme hostile à la vie « car toute vie repose sur apparence, art, illusion, optique, nécessité du perspectivisme et de l'erreur... la haine du monde, l'anathème jeté sur les passions, la peur de la beauté et de la sensualité, un au-delà inventé pour mieux dénigrer l'ici-bas, au fond un désir de néant, de mort, de repos ». Le philosophe voit dans les valeurs morales qui sont prônées une volonté d'anéantissement, une morbidité, un épuisement de la vie, une façon de donner tort à la vie, le danger des dangers. C'est une morale d'esclave qui perpétue l'asservissement.

Mais où sont les hommes du grand désir ?

Mais où sont les hommes nobles de *Par-delà le bien et le mal* ?

Y aurait-il une morale des maîtres et une morale des esclaves ?

Une morale des maîtres est liée à l'exercice de la liberté et se passe de l'approbation d'autrui. « Une telle morale est une glorification de soi-même. Elle met au premier plan le sentiment de la plénitude, d'une force qui veut déborder, d'une tension haute, la conscience d'une richesse qui aimerait donner et se prodiguer. »

Elle est bâtie « sur une foi en soi-même, la fierté de soi, une hostilité foncière et ironique à toute abnégation... un léger dédain et une certaine méfiance à l'égard de la compassion et des cœurs chauds ».

La morale des esclaves est celle des victimes, des opprimés, des souffrants, elle met au premier plan la pitié, la complaisance, la charité, le bon cœur, la patience. Elle glorifie l'homme bon, le bon homme qui n'a rien du surhomme. Nietzsche se faisant visionnaire envisage que la vieille morale a fait son temps, que l'individu est livré à ses incertitudes et que l'ère des médiocres commence.

Entre l'esclave et l'homme noble, peut-être faut-il passer par le médiocre. Ces trois visages ne cohabitent-ils pas en nous ?

L'homme noble se devine à son attitude, à son silence, à son immobilité, à sa distance intérieure. L'âme noble connaît la souffrance et la masque parfois volontairement par un ton léger, une gaieté feinte, une bouffonnerie, un épicurisme de façade qu'il convient de respecter. Elle risque de mourir de faim et de soif devant une table servie de mets qui lui procurent du dégoût : « Tous nous avons déjà mangé à des tables où notre présence était déplacée. » L'homme noble « vit avec une immense et fière sérénité » et monte ses passions pour utiliser aussi bien leur sottise que leur ardeur, avec courage, discernement, sympathie et solitude.

La différence entre l'homme noble et l'esclave, c'est

que l'un regarde en haut, l'autre en bas. La contemplation est ce troisième terme qui permet d'accéder à un état qu'on nomme sérénité. C'est au moment où la théière qui donne redevient le bol qui reçoit que se produit la métamorphose.

« Le héros en son état de pure passivité atteint le plus haut degré de son activité » et une joie surhumaine l'envahit, une sérénité surnaturelle.

L'âme noble ne se distingue ni à ses œuvres, ni à ses actes mais à sa foi : « Je ne sais quelle certitude fondamentale qu'une âme noble possède au sujet d'elle-même, quelque chose qu'il est impossible de chercher, de trouver et peut-être même de perdre. – L'âme noble a le respect de soi. »

Nietzsche dénonce le culte de la souffrance et de la pitié et prône le gai savoir qui laisse place à la joie et au plaisir de l'accomplissement et au déploiement d'une force extérieure et intérieure. Il propose des éclats de rire dorés, même pendant les actes sacrés.

## *Dionysos*

Et voici qu'arrive Dionysos le grand tentateur, que Nietzsche surnomme le génie du cœur, celui « qui décèle la goutte de bonté et de douce spiritualité que recouvre l'épaisse et trouble couche de glace, qui décèle, comme une baguette de sourcier la pépite d'or longtemps enfouie et emprisonnée dans le sable et la boue... le génie du cœur que nul n'approche sans devenir plus riche au fond de lui-même, plus neuf que jamais, comme délivré de sa glace, effleuré et espionné par le vent printanier, plus incertain peut-être, plus délicat, plus fragile, plus brisé, mais plein d'espérances qui n'ont pas encore de nom... ».

Nietzsche vante la vaillance d'explorateur, de découvreur, l'audacieuse probité, la véracité, l'amour de la sagesse de Dionysos.

Dionysos le dieu du plaisir et du oui divin à la vie. L'être chez qui l'abondance de vie est la plus grande. Il vit l'esseulement solaire en pleine lumière. Le Chant de la nuit dans *Ecce homo* se présente comme la plainte de celui qui est condamné par son abondance même de lumière, par sa nature solaire à ne pas aimer.

« Il fait nuit : hélas ! pourquoi me faut-il être lumière ! et soif de ténèbres, et solitude ! Il fait nuit : voici que s'éveillent tous les chants des amoureux. Et mon âme elle aussi est un chant d'amoureux. »

Le chantre de l'éternel retour se dit le philosophe de Dionysos, celui qui porte la joie du devenir et qui inclut la joie de la destruction, celui qui célèbre la procréation, la grossesse et l'enfantement.

Avec Dionysos, la sérénité d'Apollon vole en éclats, la démesure se révèle vérité, la félicité naît de la douleur, l'excès démesuré de la nature envahit l'ordre.

La pensée de Nietzsche arrive dans des confins vertigineux, douloureux et exaltants.

« La pointe de la sagesse se retourne contre le sage : la sagesse est un crime contre la nature. »

« Tout ce qui existe est juste et injuste et dans les deux cas également justifié. »

Mais quelle est la source du mal ? « Nous devons... considérer l'individuation comme la source et l'origine primordiale de tous les maux, comme un mal condamnable en soi. Du sourire de Dionysos sont nés les dieux olympiens, de ses larmes les hommes. Dans cette existence de dieu mis en lambeaux, Dionysos possède la double nature d'un démon cruel et sauvage et d'un maître doux et clément. Mais l'espoir... fut alors une renaissance de Dionysos, que nous devons désormais concevoir comme la prémonition de la fin de l'individuation. » C'est à l'adresse de ce troisième Dionysos que retentissait l'hymne de joie frénétique... « Et seule cette espérance peut faire un rayon de joie sur la face du monde déchiré, morcelé en individus. »

Jamais peut-être Nietzsche ne fut plus en avance sur son temps que dans cette dénonciation de l'individuation et l'annonce du retour de Dionysos. C'est à peine si nous sommes immergés aujourd'hui dans ce processus d'affirmation individuelle. Il ne touche encore qu'un pourcentage infime de la planète et déjà nous savons qu'il sera remis en cause au nom d'un besoin fusionnel. Fusionnel de première naissance ou de deuxième naissance. Fusionnel régressif ou évolutif.

C'est peut-être à l'art qu'il appartient de reconstituer l'unité. Ces propos sont d'une clarté aveuglante et nous progressons par bonds dans la réhabilitation du plaisir, de la volupté, de la joie, de l'extase avec le personnage de Dionysos d'abord déchiré puis ressuscité comme Osiris. La vie puissante et pleine de plaisir apporte une consolation métaphysique permanente au milieu de l'impermanence de l'histoire et de la civilisation.

Et nous arrivons à l'ivresse extatique dionysiaque qui contient un élément léthargique vis-à-vis du passé. « Entre le monde de la réalité dionysienne et celui de la réalité quotidienne se creuse ce gouffre de l'oubli qui les sépare l'un de l'autre... L'homme dionysien est semblable à Hamlet : tous deux ont plongé dans l'essence des choses un vrai regard ; ils ont vu et ils sont dégoûtés de l'action. » C'est en ce sens que la connaissance tue l'action. Pour surmonter ce dégoût de l'existence il faut faire appel à l'art.

Et l'élévation de l'être est un art.

« Oui, la vie est femme ! » Dionysos est aussi le dieu des femmes, un dieu sensuel, maître sans brutalité de la nature luxuriante et de l'élément liquide. La célébration du féminin, du réceptif est symbolisée par la coupe que Dionysos boit jusqu'à l'ivresse de l'extase. L'individuation n'est qu'un passage, le déchirement conduit à la résurrection.

### *Une sagesse solaire*

*Une vie de communion dans la contemplation du vaste :* « Au milieu de l'océan du devenir nous nous réveillons sur un îlot qui n'est pas plus grand qu'une nacelle, nous autres aventuriers et oiseaux voyageurs et là nous regardons un moment autour de nous... nous avons une minute délicieuse de connaissance et de divination, gazouillant ensemble en battant joyeusement des ailes, tandis que notre esprit vagabonde sur l'océan, non moins fier que l'océan lui-même ! »

*Une distance intérieure* qui permet de distiller sa sagesse sans pontifier et même parfois en la déguisant. Il ne suffit pas de démontrer une chose, il faut encore séduire par elle les hommes et les élever jusqu'à elle. C'est pourquoi « l'initié doit apprendre à dire sa sagesse : et souvent de façon à ce qu'elle sonne comme une folie ! »

*Un discernement* avant de parler d'amour, une connaissance de soi et des autres pour détecter « cette simulation philanthropique que l'on appelle amour et bonté ».

*Un courage à souffrir* : « Sans la bonne volonté de souffrir nous serions forcés de laisser échapper beaucoup trop de joie. »

*Une gestion du sommeil* au propre et au figuré « pour retrouver son matin » quand on se sent fatigué de soi.

*Une compréhension du corps et de l'âme* qui permet de dire que je suis tout entier corps et que l'âme n'est qu'une parcelle du corps. « Le Soi lui aussi cherche avec les yeux des sens et il écoute avec les oreilles de l'esprit, il domine aussi le moi » – et cette phrase de Nietzsche résume magistralement les rôles du moi et du Soi. « Derrière tes sentiments et tes pensées mon frère, se tient un maître plus puissant, un sage inconnu – il s'appelle Soi. Il habite ton corps, il est ton corps. »

*Une petite pauvreté* qui donne accès à la liberté. « Une vie libre reste ouverte aux grandes âmes. Celui qui possède peu est d'autant moins possédé. »

Le chant du nécessaire peut ainsi être cultivé.

L'homme de l'avenir s'est extrait de la mauvaise conscience, et de son corollaire l'idéal, s'est débarrassé du néant et du nihilisme, il est l'homme rédempteur du grand amour et du grand mépris.

Il aime regarder en face ce qui dort. Il cherche des compagnons et non des troupeaux ou des croyants, « de ceux qui savent aiguiser leur faucille. On les appellera contempteurs et destructeurs du bien et du mal ».

Il ne craint pas de faire plaisir. Pourquoi faire plaisir est-il supérieur à tous les autres plaisirs ? Parce que de cette manière on peut faire plaisir en une fois aux instincts qui vous sont propres, ce seront peut-être quelques très petites joies : mais si on les réunit toutes dans une seule main, on aura la main plus pleine que jamais, et le cœur aussi.

QUELQUES FORMULES À RETENIR

La sérénité-attitude.
Une relation navigue entre simulation et loyauté.
L'esclave des trois M : le moment, la mode, la manière de voir.
Le métis européen est celui qui est habillé de toutes les modes.
L'homme du gai savoir doit traiter en lui avec l'affamé de l'amour.
L'homme du ressentiment a une âme qui louche.
Des éclats de rire dorés intérieurs sont en toutes circonstances présents pour l'homme du vrai regard, l'homme dionysien, l'homme du grand midi.
La vie l'emporte sur la sagesse.

## Petites pratiques pour grands effets

Sachons que les effets du plaisir sont entièrement positifs. Sur le plan physique, parce que la circulation sanguine et la circulation d'énergie s'en trouvent augmentées. Sur le plan émotionnel, l'estime de soi en sort renforcée et la capacité à percevoir les choses aiguisée. Spirituellement, notre capacité à envisager la vie sous un angle heureux et favorable s'en trouve augmentée.

Apprenons à différer le plaisir, le solliciter, l'attendre pour une heureuse volupté d'un éros joyeux.

### FAIRE LA PAIX AVEC SOI

Assis, les yeux clos, prenez conscience du reproche que vous nourrissez contre vous-même : de quoi vous accusez-vous ? Donnez-lui un nom.

Respirez et acceptez ce qui apparaît. Visualisez comme un puits d'eau fraîche qui vient vous laver.

Visualisez un petit soleil au niveau de votre centre cardiaque, en dessous de votre gorge, respirerez régulièrement et consciemment. Laissez grandir la luminescence de votre soleil, il se dilate, son rayonnement dépasse les limites de votre corps et se répand autour de vous. Vous devenez ce soleil.

### LE PLAISIR DU THÉ (SEUL OU ENTRE AMIS)

Préparez un thé avec lenteur et amour. Servez-le sur un plateau décoré de fleurs. Versez-le lentement dans la tasse. Placez la tasse en face de vous, les yeux clos et confortablement assis. Placez les paumes de vos mains de part et d'autre de la tasse et envoyez une lueur rouge par la main gauche, jaune par la main droite. Laissez ainsi vos mains magnétiser votre thé. Puis portez la tasse à vos lèvres, les yeux toujours fermés. Et absorbez le liquide doucement, consciemment. Visualisez la coloration violette de votre breuvage sur le plan subtil. Sentez qu'ainsi vous vitalisez votre corps. Vous vous sentez parfaitement bien. Vous élargissez ce sentiment de paix à ce qui vous entoure.

SE RÉJOUIR D'ÊTRE VIVANT

Assis tranquillement, en silence et les yeux fermés, imaginez que vous êtes seul, posé au milieu de nulle part. Et posez-vous la question : de quoi ai-je peur ? Ressentez, respirez et acceptez.

Fermez les yeux et prenez trois inspir-expir conscients puis laissez votre souffle s'apaiser. Prenez conscience du lieu dans lequel vous vous trouvez, du décor présent et réjouissez-vous simplement d'être vivant et présent.

Remerciez intérieurement.

*L'extase et la volupté*

« La volupté, débordante reconnaissance de l'avenir pour le présent, nargue et éconduit tous les maîtres d'erreurs et d'errance. »

Friedrich Nietzsche, *Volupté.*

Une gourmande sérénité ne saurait se passer de volupté et d'extase. Dionysos en nous s'alimente à sa propre intensité mais rayonne aussi dans le partage.

« Dans le désir sollicité et le plaisir exacerbé, chacun expérimente l'extase autiste et la volupté solipsiste, radicalement étranger aux émotions de l'autre qui le concernent pour les seules satisfactions égoïstes et narcissiques qu'elles lui procurent. » On jouit du plaisir de l'autre, de la jouissance de l'autre mais on ne jouit pas la jouissance de l'autre. On ne peut se mettre à sa place, « on désire la fusion, on réalise l'abîme » : ces phrases sont empruntées à Michel Onfray[1].

L'extase est-elle un rêve, une forme d'enfermement suprême, d'isolement royal, entretenu et construit ?

La volupté est-elle un art qui passe par un amour de soi quasi exclusif ?

---

1. M. Onfray, *Théorie du corps amoureux*, Grasset, 2000.

Extase : état d'une personne qui se trouve comme transportée en dehors du monde sensible par l'intensité d'un sentiment mystique, plaisir extrême causé par une personne ou par une chose, vive admiration.

Volupté : plaisir des sens, plaisir sexuel, satisfaction intense d'ordre moral ou intellectuel

Autisme : repli pathologique sur son monde intérieur avec perte du contact avec la réalité et impossibilité de contact avec les autres.

Solipsisme : doctrine idéaliste qui affirme que rien n'existe en dehors de la pensée individuelle et que seul existe le sujet.

*Extase et volupté sont-elles des formes supérieures de la jouissance de soi ou/et des portes de communion ?*

C'est une question qui affleure souterrainement dans le lit des amants et la confiance des oreillers côte à côte. Deux solitudes se côtoient, entrent dans la sensation d'un partage et sont renvoyées au plus fort de l'acmé à leur solitude initiale. Chacun pense que l'autre le rejoint, chacun se réjouit d'avoir été l'occasion du plaisir de l'autre et chacun peut goûter et partager l'onde d'apaisement qui suit l'extase, mais reste enclos dans son mystère. De quelle extase s'agit-il ? Quelles sont les différentes formes d'extase ? Existe-t-il une extase de la libération qui serait aussi une enstase ? une sortie de soi qui serait aussi une invasion de soi ?

La volupté renvoie à une capacité sensuelle à être présent aux différents sens et à alimenter Éros en soi. On pourrait parler des vagues de la volupté.

L'extase suppose l'atteinte d'un certain palier plus ou moins prolongé. Bien qu'il y ait comme une capacité à l'extase qui semble pouvoir se développer par l'attention qu'on pose sur elle. Tel est bien le sens du tantrisme qui est tout entier une culture de l'état d'éveil. Cette extase est-elle communion ou solitude de plaisir ? La volupté enferme-t-elle dans la sensation individuelle ? Plus qu'un plaisir l'extase est-elle un bonheur ? Une totalité là où le plaisir de la volupté resterait parcellaire ? Y a-t-il des ponts entre volupté et extase, l'une renforçant l'autre ? Un être voluptueux n'est pas nécessairement extatique et inversement. La volupté concerne les sens et le corps, l'extase emmènerait davantage dans un allégement du physique, un espace entre corps et âme, une esquisse de l'immatériel. Mais il y a des points de contact entre l'extase mystique et l'extase érotique, l'une peut être la conséquence de l'autre ou l'une et l'autre peuvent se renforcer mutuellement. Les déploiements du corps et notamment la danse conduisent aussi à l'extase : « Celui qui connaît la vertu de la danse vit en Dieu parce qu'il sait comment l'amour tue », dit Rûmi [1].

Dans l'étreinte sexuelle, l'acmé, le climax, le paroxysme se traduisent parfois par des interruptions de conscience lucide, un rapt, une dépossession de soi, une incursion dans le vaste. Il semble qu'il y a à ce moment-là comme un contact avec la partie intime, subtile de l'autre. Dans certains témoignages on retrouve la sensation souvent décrite de ne faire plus qu'un, d'être comme éjecté vers le haut, dans un tourbillon de formes et de couleurs, dans une lumière aveuglante, une chute vertigineuse qui devient comme un vol.

Quand l'âme et le corps se touchent, on parle alors de pleine conscience, d'illumination, de compréhension, d'attention, de compassion, de libération, transformation, guérison. Peut-on dire aussi qu'il y a non-séparation et que tout ce que nous faisons pour nous-même nous le faisons pour les autres et inversement. L'extase est-elle à

1. Rûmi, *La Quête de l'absolu*, Éditions du Rocher, 1990.

rechercher ? Est-elle perturbatrice ? Produit-elle un manque, une nostalgie ?

La sexualité sauvage, rencontre passionnelle et charnelle de deux désirs, donne parfois accès par son intensité même à un orgasme qu'on peut qualifier d'extatique. Peu importe alors que les partenaires se connaissent ou non, ce qui compte c'est la totalité de l'instant. On en trouve des témoignages dans la littérature. Et dans des groupes de travail sur la sexualité : quand on encourage la parole, on s'aperçoit qu'au cours d'une vie de nombreuses personnes ont eu accès au moins une fois à une expérience transcendante qui a laissé une trace ineffaçable. La frontière entre sexualité profane et sexualité sacrée reste perméable. « Pour l'humanité courante, seul le sexe, fût-ce dans le ravissement, dans le mirage ou dans l'obscur traumatisme d'un instant, procure des ouvertures au-delà des conditionnalités de l'existence purement individuelle » : telle est la conclusion de Julius Evola aux termes de sa magistrale étude sur la *Métaphysique du sexe*[1]. Si l'amour et le sexe ont tant d'importance c'est aussi qu'ils sont voie d'accès à une autre dimension de l'humain, à son illumination, à son éveil, indépendamment de toute ascèse, de tout mérite et de toute volonté.

La sexualité consciente tente de codifier cette possibilité par la mise en œuvre d'un certain nombre d'exercices autour du souffle, de l'attention et du mouvement. Peut-on canaliser ce qui est jaillissement et provoquer ce qui est spontané ? Chacun de nous est enfermé dans son corps et ses sensations. Qu'est-ce que la libération ? La sexualité consciente ne fait pas l'impasse sur la solitude des sensations, elle l'assume et la développe en la sortant d'un contexte culpabilisant. L'onanisme n'avait pas bonne presse. Encore il y a peu, il était considéré

1. J. Evola, *Métaphysique du sexe* [1958], Guy Trédaniel, 2006.

comme responsable de différents maux physiologiques et réprouvé moralement. La masturbation a longtemps été interdite aux enfants alors qu'elle est une découverte naturelle et intime de la sexualité et des sensations de plaisir. Aujourd'hui les jeunes enfants bénéficient de la part des adultes d'une attitude plus permissive mais encore souvent gênée souterrainement. Dans les inconscients le sexe est toujours marqué au fer rouge du danger.

Par contre, dans une démarche de sexualité rendue consciente, on va parler de rituel du plaisir pour soi-même, de caresse intime. L'innocence joyeuse des premières explorations se prolonge, se redécouvre quand un adulte décide de poser un regard neuf sur ses organes sexuels et sur ceux de son partenaire. Même si vous faites partie de ces enfants qui se sont révoltés contre les interdictions et qui ont encore plus touché leur sexe puisque c'était définitivement bon, il reste une odeur d'interdit et de caché sur cet acte.

La première libération consiste à oser regarder, toucher, soupeser même et bien sûr tendrement apprécier ses organes sexuels. Se regarder dans un miroir par le bas est souvent même une expérience inédite, une perspective inconnue surtout pour les femmes.

La seconde libération est une ouverture à l'imaginaire d'une caresse transformée en rituel. Traverser la culpabilité et la honte est certes nécessaire mais, de manière plus subtile, il s'agit aussi de venir à bout d'une inertie, d'un engourdissement qui sont des formes du renoncement au plaisir et à la vie. Allons-nous accepter de nous offrir la stimulation érotique que nous aurions aimé recevoir de quelqu'un d'autre ? Et si nous acceptons d'être le créateur de notre plaisir nous serons aussi à même de connaître et de formuler nos besoins sexuels devant nos partenaires. Être la source de son orgasme, voilà une liberté que bien peu de personnes osent prendre.

D'une manière générale, nous sommes conditionnés à attendre la satisfaction de nos besoins du dehors. Et nous laissons en friche le pouvoir du dedans qui est pourtant sans doute le plus authentique. Car nous ne ressentons rien que nous n'ayons déjà en nous. Explorer le plaisir par soi-même et pour soi-même, d'abord seul puis avec un partenaire, apporte l'assurance d'une transformation. Nous donnons à l'autre du plaisir dans la mesure où nous avons développé une connaissance et une maîtrise du plaisir et nous sommes à même de recevoir le plaisir que l'autre nous donne dans la mesure où nous avons déjà ouvert ces canaux. Deux partenaires déjà conscients sexuellement ont plus de liberté et d'égalité dans leurs échanges. La réponse à la question posée ne peut être mentale, mais proposition d'expérience.

### *Développer sa capacité orgasmique*

Chacun a la responsabilité de sa capacité orgasmique. Il est dans la position unique d'être à la fois le donneur et le receveur. Être en amour avec soi, c'est aussi se faire l'amour.

La première démarche consiste peut-être à se donner de bonnes conditions. Fermer sa chambre, décrocher son téléphone, parfumer sa chambre, allumer une bougie, mettre de la musique. Mais assez vite l'aspect ludique et le plaisir d'une détente orgasmique sont dépassés. On entre dans une sorte de découverte intérieure et de méditation sexuelle. Les vagues de plaisir peuvent se succéder et se prolonger jusqu'à ce que le mot extase prenne une consistance très différente du mot orgasme. La zone de passage se situe entre ce que l'on fait et ce que l'on est, entre le génital et le global. Derrière la possibilité de l'orgasme d'un instant se profile une sensation quasi permanente, une disposition d'être. À partir du plaisir génital, on cherche à ce que tout le corps devienne plaisir.

Une ascèse est cependant souvent à l'origine de cette transformation. L'excitation sensuelle doit apprendre à s'arrêter avant le point de non-retour. Pour les hommes, cette rétention de l'éjaculation est particulièrement ardue au début du moins. Pour les femmes, il s'agit aussi de pas s'abandonner à l'orgasme malgré la possibilité d'orgasmes répétés. Tout se passe comme si l'énergie par là même s'accumulait, et se diffusait à l'intérieur du corps au lieu de s'extérioriser. Le phénomène est visible pour l'homme et plus invisible pour la femme. Mais l'un et l'autre s'en trouvent rapprochés. L'homme apprend à dompter, calmer la sphère génitale. La femme s'excite progressivement plus rapidement. Ce qui diminue la différence traditionnelle du temps de plaisir entre les deux sexes.

Pourtant ce n'est pas l'excitation proprement dite qui est recherchée mais la finesse des sensations et la manière dont elles peuvent devenir infinies.

Le rituel de la caresse personnelle comprend plusieurs phases déroulées dans la lenteur. Regarder son sexe dans un miroir, s'allonger et imaginer mentalement l'image des organes génitaux. Magnétiser ses mains en respirant à l'intérieur des paumes réunies. Se masser longuement avec une huile parfumée. Se caresser précieusement en s'attardant sur les zones douces et veloutées. Se remémorer une scène amoureuse et mettre en scène un partenaire. La femme caresse les grandes lèvres, les petites lèvres, lubrifie le vagin, puis le périnée et l'anus. L'homme bouge ses mains de la base au sommet du pénis, masse le périnée, stimule la prostate. Les mouvements s'accélèrent, le feu sexuel monte des organes génitaux vers le bassin. La respiration prend un rythme plus rapide et s'arrête au bord de l'orgasme. L'apnée dure quelques secondes et l'inspiration puis l'expiration permettent à l'énergie de se détendre dans tout le bassin.

Une nouvelle excitation permet à l'énergie de se déplacer vers le centre du cœur. Au moment de l'orgasme, la main se déplace du sexe vers le cœur avec l'image et la sensation de pomper l'énergie sexuelle avec le fondement, et de l'emmener vers le cœur.

Le même exercice se pratique en envoyant l'énergie jusqu'au point situé entre les sourcils. Les yeux sont fermés mais regardent intérieurement vers le troisième œil. Le corps est détendu, même si le fondement est contracté et la respiration suspendue. La rétention de l'air inspiré et la concentration sur le troisième œil sont l'essentiel de la technique.

Le plus difficile est peut-être de franchir la passivité, l'ennui, la réticence morale que l'idée d'une telle pratique solitaire peut soulever en soi. Autant il peut être valorisant et facilement avouable de garder du temps pour soi, pour lire, écrire, écouter ou jouer de la musique, faire du théâtre ou jouer au tennis, autant nos habitudes culturelles, le manque de considération qu'on nourrit souvent envers soi sont des obstacles pour oser s'accorder un plaisir ou une extase sexuelle. Si vous tenez absolument à en parler à quelqu'un, mieux vaut employer pudiquement le mot de méditation active, et si la personne peut vraiment comprendre, méditation sexuelle. Il arrive aussi qu'on ne ressente pas grand-chose et toute sensation aussi infime soit-elle, même de l'ordre du fourmillement ou du pétillement, doit être accueillie comme un encouragement à persévérer. Si au contraire l'excitation est très intense, c'est à la respiration qu'il faut faire appel pour calmer le jeu et entrer dans une lenteur.

C'est seulement après avoir maîtrisé cette caresse personnelle plusieurs semaines ou plusieurs mois selon les cas, qu'il est possible d'envisager de pratiquer la même chose sous le regard d'un partenaire. Il s'agit d'un partage intime de confiance, il n'y a rien à démontrer. Pas de nécessité d'un orgasme hors norme. Juste un lâcher-prise, une innocence, une résistance à dépasser. La phase suivante consiste à se donner alternativement du plaisir l'un à l'autre, toujours en cherchant à respecter une montée d'énergie sexe, cœur, tête.

Le but de l'exercice n'est pas l'orgasme, du moins pas tant que deux ou trois montées d'énergie avec le souffle n'ont pas été vécues. Si des sensations négatives de désillusion, d'ennui, d'échec, de doute apparaissent, ne pas s'identifier. Les considérer comme des passages.

### *La détente dans l'excitation*

C'est pendant toute une vie que l'on peut être amené à perfectionner cette transformation de l'énergie à l'intérieur de soi, à la favoriser pour son partenaire intime. Le stade suivant consiste à vivre la même chose mais dans le contexte vibrant de la pénétration. Encore faut-il avoir découvert une clef importante, la détente dans l'excitation, ce qui peut sembler au début paradoxal voire impossible. Nous associons habituellement le sexe au déchaînement de l'excitation. Il s'agit désormais de l'associer à l'idée de relâchement, de détente pour que l'ensemble du corps et de l'être accède à un état de conscience modifié.

Le mot extase signifie être conduit au-delà du petit soi-même, mis en relation avec le grand Soi. Cette extase ne concerne pas seulement quelques privilégiés frappés par la foudre ou quelques ascètes de grand mérite, nous avons tous une capacité innée que nous avons déjà connue étant enfant et que nous pouvons à nouveau décider de développer. La première clef consiste à poser son attention dans cette direction. La seconde à utiliser la respiration de manière intense.

Prendre conscience du passage de l'énergie dans tout le corps, l'accélérer, l'amplifier par le mouvement, la respiration, l'imagination, la direction du mental, traverser les blocages qui inhibent ce passage, produire une sensation de ruissellement caractéristique qui s'accompagne de sentiment de joie, de pureté : cette forme d'extase n'est plus à proprement parler sexuelle, elle est jouissance d'être. Seul ou en couple on peut pratiquer une danse ardente ou une dynamique de vibration qui consiste à provoquer des tremblements dans tout le corps jusqu'à ce qu'ils deviennent involontaires. Puis on se laisse aller brusquement au bout d'une demi-heure, assis ou allongé, dans une méditation isolée ou dans une relaxation dans les bras l'un de l'autre. L'alternance de l'excitation et de la détente produit parfois comme une forme d'orgasme prolongé dans tout le corps avec un sentiment d'infini.

Le perfectionnement de cette approche consiste éventuellement à dépasser le point entre les sourcils pour accéder au chakra couronne. Selon ma connaissance certaines personnes ont des facilités à établir une jonction entre le chakra de base et le chakra couronne. Pour d'autres cette jonction est impossible du moins au début et c'est la zone cardiaque qui s'élève volontiers en direction de la gorge et du point couronne. Mais dans un premier temps nous adopterons le processus de montée et de descente sur les sept chakras traditionnels.

Il faut déjà une certaine foi intérieure pour acquérir cette discipline. Car là encore il s'agit d'apprendre d'abord seul :

– se mettre dans une tenue décontractée, éventuellement face à une bougie, stimuler l'énergie sexuelle physiquement ou psychiquement par des massages du ventre et la respiration, par une mise en activité du fondement ;

– entre l'inspir et l'expir, apporter une attention particulière à l'apnée. Les muscles du périnée son contractés et le reste du corps est détendu. On commence par remplir le bassin d'énergie avec plusieurs inspir puis on relâche à l'expir lentement. Le même exercice est répété jusqu'au plexus solaire, puis au cœur, à la gorge, au troisième œil et enfin au chakra couronne. À chaque centre d'énergie la sensation peut être différente.

Avec un partenaire, la respiration ensemble sur chaque chakra permet une forme de fusion. À l'expir l'énergie redescend vers les organes génitaux. L'exercice peut se faire avec ou sans pénétration. Enfin il est possible de travailler ensemble sexe-tête avec le sentiment de ne faire plus qu'un avec le tout et avec l'autre. Un sentiment plus universel est contacté.

Laissons parler Stanislas Grof : « L'extase océanique se caractérise par la paix extrême, la tranquillité, la sérénité et la joie radieuse... un état béatifique, sans tension, une disparition des frontières de l'ego et un sentiment absolu d'unité avec la nature, avec l'ordre cosmique et avec Dieu [1]. »

La sexualité devient ainsi une énergie tissée et mariée avec la conscience. La sérénité qui en découle provient du fait que l'incarnation se trouve comme sollicitée à son plus haut degré de réalisation. L'acte sexuel qui est censé tirer l'homme vers le bas devient au contraire le véhicule de son élévation. Cependant la formule consacrée du tantrisme souligne bien que ce n'est pas facile. Il faut chevaucher le tigre, grimper sur son dos et s'ac-

1. S. Grof, *Psychologie transpersonnelle,* Éditions du Rocher, 1984.

crocher à sa crinière même quand il prend de la vitesse car sinon il vous renverse et vous dévore.

Dans cet apprentissage, il est bien clair que pendant longtemps l'aspect solitaire prend de l'importance. Le sentiment d'unité vient d'abord de l'intérieur et ensuite d'une communion entre deux personnes.

Selon leur disposition psychologique, certains seront rassurés de pouvoir pratiquer seuls et d'autres découragés, certains ne parviendront pas à s'autostimuler suffisamment et ne commenceront vraiment à ressentir qu'en pratiquant d'abord à deux. Quoi qu'il en soit, la voie est magnifique, mais elle demande le dépassement d'un certain nombre de résistances. Trouver le bon partenaire et le moment juste est en soi une prouesse karmique.

### *La respiration inversée*

Il reste encore à évoquer la respiration inversée qui permet d'établir une boucle dans la pratique du couple. Il faut chercher une position d'emboîtement confortable, soit assis sur une chaise, soit allongé. Un partenaire inspire pendant que l'autre expire, sur un rythme commun profond et lent. L'imagination peut enrichir les souffles de lumière, de couleur et de subtilité. Les deux amants sont comme deux marcheurs de l'espace et du temps.

La meilleure position, et la plus belle, demande une certaine souplesse. On l'appelle la position Yab-Yum, et elle illustre parfaitement l'esprit du tantrisme. L'homme est assis jambes écartées et sa partenaire vient s'emboîter sur lui, ses jambes entourant la taille de l'homme. Les bouches se frôlent, les sexes sont l'un dans l'autre. L'excitation ne provient pas d'un mouvement de va-et-vient mais elle est maintenue par des contractions intérieures et la respiration. Cette position facilite l'aspect méditatif, vertical tout en étant très sensuelle. Chacun est avec la totalité de lui-même et avec l'autre. Le contact avec les yeux et la position poitrine contre poitrine apportent un aspect émotionnel et affectif. Associer cette position avec une respiration en boucle permet d'entrer dans un état de grâce. La sensation qui vient du sexe se transforme en lumière dans le cerveau qui vient à nouveau alimenter le centre sexuel et ceci à l'infini.

Les voluptueux trouveront qu'il y a bien trop d'exigence et d'activité dans ces exercices, et qu'ils ne sont pas animés de cette volonté délibérée d'atteindre un état de conscience hors du corps. Car les voluptueux sont amoureux non des sommets mais de la vallée. Ils ne s'accommodent pas de plans de développement. Ils souhaitent s'abandonner à une spontanéité créatrice et ils sont plus adeptes du réceptif que de l'actif. Ils aiment imaginer une volupté dans la lenteur, l'abandon l'un à l'autre sans compulsion. Les préliminaires, la danse, le massage, les baisers deviennent des fins en soi, avec des rires, de l'humour et de la fantaisie. Dans la pénétration ils approchent du point de non-retour et juste à ce moment-là ils se détendent, ils entrent dans une forme d'immobilité méditative et ils laissent faire. Sensations vibrantes, couleurs, béatitude. Les deux amants sont alors comme des coupes qui reçoivent le meilleur d'eux-mêmes.

## *Conscience et énergie*

Quels sont ceux qui dans l'état actuel de la civilisation accepteront de traverser les tabous qui marquent encore profondément la sexualité, l'ombre qui lui reste attachée, qui restaureront une innocence, une lumière dans la qualité de leur approche de l'autre ? Les principes de ces pratiques sont inspirés du tantrisme, revisité et simplifié par l'esprit pragmatique occidental. La ferveur, la foi et l'enthousiasme qu'elles demandent traversent cependant la forme et les âges. Un grand merci au travail de Margot Anand[1] parfois décriée mais jamais imitée au juste niveau de son apport. Le chemin qu'elle a ouvert sera repris et peut-être enrichi, parfois redimensionné par d'autres mais il restera une excellente base pratique, détaillée. Et si nous ne manquons pas de textes théoriques, nous manquons de pratiquants sincères et consacrés de tout leur être.

Le chemin de l'extase est aussi celui de l'Unité. Tout un chacun peut s'y engager. Rien ne remplira mieux la coupe de sa solitude et de son manque. Quand on se sait sur cette voie, on est déjà à moitié rassasié et la faim de l'âme est moins hurlante. Pour que l'orgasme devienne extase on a vu que la volonté créatrice entrait en action pour transmuer l'énergie, la faire passer de la sphère génitale au cœur et au cerveau. D'une certaine manière, on pourrait dire : passer du personnel à l'impersonnel. Cette notion de l'impersonnel me hante dans le tantrisme et je n'ai pas de réponse définitive.

Ma propre expérience m'incite à la prudence dans les conclusions et à des interrogations nouvelles. Dans l'esprit du tantrisme tel qu'il est issu de la Déesse Mère il me semble qu'on peut dire que la proposition est davantage sexe-tête que sexe-cœur-tête. Le partenaire n'est pas quelqu'un avec qui un engagement affectif, social, quotidien se joue mais un dieu ou une déesse, un archétype qui prend support dans l'instant sur un homme ou une femme. Elle est l'énergie Shakti, il est la conscience Shiva, tous deux se conjoignent pour échanger leur polarité. Leur unité intérieure s'en trouve forti-

1. Voir par exemple *Le Chemin de l'Extase, Tantra : vers une nouvelle sexualité*, Albin Michel, 1981.

fiée et l'androgyne intérieur croît en eux. L'autonomie du sage grandit. Jusqu'où ? S'agit-il de se passer de l'autre un jour définitivement et de ne plus vivre cette union qu'à l'intérieur de soi sans aucun support extérieur ? Il est certain que cette solution a quelque chose d'élégant, de supérieur, de détaché. C'est une chasteté sans effort, une chasteté naturelle. Et ce n'est pas nécessairement un isolement. Dans un regard, dans un effleurement deux énergies peuvent se déverser l'une dans l'autre sans les exclusivités tourmentées du sexe.

Entre personnes ouvertes, quel que soit le sexe, on peut imaginer qu'un tel échange soit rendu possible. Mais le cœur conscient s'interpose. Parce que c'est toi, parce que c'est moi. Tu es l'unique et je t'élis comme tel dans le réseau ténu de nos sensibilités. Que dit le cœur conscient ? Beaucoup de gens aujourd'hui ne conçoivent une approche tantrique qu'avec un partenaire privilégié pour qui déjà une élection de cœur s'est jouée. Les jeux érotiques voire sacrés sont conçus dans le cadre d'un approfondissement de l'intimité. Tu résumes le monde à toi seul et j'accepte de te regarder comme un mystère infini qui déclenche en moi un éros extraverti. Je conserve par-devers moi des moments d'éros introverti. L'équilibre entre ces deux forces me donne une forme de sérénité.

L'alchimie d'un amour à la fois de plus en plus corporel et de plus en plus subtil m'invite à l'exclusivité. Le couple tisse un besoin de sécurité. L'hypnotisme mutuel fait monter la joie dans la coupe de la vie. La communion vient du plaisir et de la générosité de présence que j'extériorise pour la tisser avec la tienne. Deux partenaires non engagés l'un envers l'autre par un sentiment amoureux pourront se donner mutuellement un accès à l'extase ou aux paliers de sa technique par le mouvement, la respiration et l'imaginaire. Ils seront reconnaissants l'un envers l'autre et pleins d'émerveillement.

Deux personnes en amour vont moins investir verticalement et davantage au niveau de la relation. Ce qui leur importe c'est ce sentiment de proximité qui les élargit, les ouvre au dépassement, à une autre forme d'universel et d'impersonnel, celui du deux relié au tout.

On oppose souvent la voie du couple, et la voie de la réalisation personnelle. Elles ne s'opposent pas. Elles se croisent comme la verticale et l'horizontale sur la croix du bonheur. Et à l'intersection se trouve la pleine conscience. Au moment où l'énergie qui est montée dans le point couronne redescend vers le cœur, elle facilite une expansion à caractère universel. Cet amour-là est sans condition. Et pendant quelques secondes au moins, il n'est ni possessif ni exclusif. Deux personnes qui s'aiment défendent souvent l'exclusivité. Nous ne sommes pas possessifs, l'autre est libre, je suis libre. Mais pour vivre ensemble toute une finesse d'intimité nous ne pouvons, nous ne voulons pas nous mêler à d'autres énergies. Dans ce choix aussi, il faudra chevaucher le tigre et ne pas tomber dans un besoin déguisé en conscience.

D'une certaine façon, l'extase peut être recherchée ; d'une autre façon, elle est et se révèle au-delà du vouloir.

Pour ceux qui ont la chance d'y accéder, cet état de conscience modifié produit comme une accumulation positive qui peu à peu donne à l'être sa couleur. Au lieu de promener son insatisfaction chronique, la personne avance dans la vie avec une tranquille assurance, un courage fait de tranquillité, de certitude. Le doute intellectuel n'a pas sa place chez celui qui sait faire pétiller ses centres d'énergie et qui a l'éternité devant elle.

Indépendamment des relations, la volupté et l'extase de vivre s'éprouvent dans son propre corps au contact du soleil sur la peau, de l'air pur qui entre dans les poumons, d'une marche dans la nature. Tant que les idées défilent dans la tête, la présence à ce qui nous entoure constitue un champ étroit. Soit l'ouverture se fait sous l'influence de l'environnement, soit le préalable d'ouverture est là et s'agrandit. Mais pour ne pas se laisser rattraper par la folie du travail et de l'activité, il est bon de cultiver des moments d'interruption quasi ritualisés. Trois ou quatre fois par jour, une marche, une méditation, un assouplissement, une détente. Et chaque fois, c'est l'occasion de revenir à soi.

### *Respiration consciente*

La respiration consciente reste la grande constante de tous ces comportements. Elle est comme le fil rouge qui relie à la conscience. Parmi tous les outils du développement personnel, il en est un que je qualifie volontiers d'école de l'extase. Certes le rebirth qui signifie renaissance est d'abord connu comme un processus thérapeutique mais il a sur les autres modes opératoires cet immense avantage de renvoyer à l'être de manière incontournable.

En tant que respiration accélérée pendant environ trois quarts d'heure, le rebirth se présente comme un processus simple. Et mon intention n'est pas de rendre compte de toute la richesse d'apport qu'il constitue. Simplement de signaler qu'en dehors des revécus de la naissance qui sont toujours très précieux, en dehors des libérations émotionnelles sur certains blocages, des images symboliques, des révélations psychologiques, un aspect corporel, énergétique, intervient, souvent accompagné d'une phase de grande béatitude, dite phase océanique. Au début, cette respiration est active et volontaire – je respire par la bouche ou par le nez, de manière ronde, expir-inspir, sans temps d'arrêt. Puis je vis parfois ce qu'on appelle une libération du souffle et ça respire en moi. On l'appelle aussi respiration connectée. En apprenant que cette respiration doit durer environ une heure, les personnes sont souvent réticentes. Mais elles changent d'avis pendant l'expérience qui leur paraît souvent très courte. Elles prennent goût à ce processus qui les pose dans un présent plein.

J'invite mon passé dans mon présent s'il a besoin de se manifester, au lieu de créer mentalement du passé dans mon présent comme je le fais couramment. J'ai ainsi l'occasion de guérir des conditions traumatiques de ma naissance. Sur le plan énergétique, je découvre le plaisir de respirer et je me libère d'une peur souvent inconsciente de respirer qui est due à la douleur du premier souffle après la naissance. La première phase peut être assez houleuse, agitée, puis des phases d'apnée et de grande intériorisation se présentent et le dernier quart d'heure on peut voir le visage de la personne qui respire s'illuminer. Elle ouvrira les yeux en disant qu'elle a ressenti des picotements dans tout son corps, puis une sensation globale, océanique d'amour et de sérénité. Jamais elle n'a ressenti une telle profondeur et c'est une découverte. Comme si le noyau de l'être se révélait et ce contact exceptionnel avec son intériorité introduit un sentiment de confiance. Pour d'autres l'expérience sera seulement celle d'une détente et d'un grand bien-être mais elle n'en est pas moins enthousiasmante.

Avant de respirer beaucoup de gens ont une appréhension comme si la croyance la plus répandue était que chacun abrite une sorte de monstre à l'intérieur de lui et que ce lâcher-prise va lui permettre de surgir. Le bénéfice est donc double. D'une part une sensation de ressourcement. D'autre part une confiance en soi. Le oui à la vie gagne du terrain sur le non.

Pour certaines personnes, cette respiration en boucle peut rapidement conduire au-delà de toute image et de tout souvenir à des sensations de libération, d'élévation, à des orgasmes subtils que ce soit au niveau du sexe, du cœur ou de la tête. Tout se passe comme si les canaux subtils se trouvaient fluidifiés, assouplis. La sensation de félicité et de sérénité se développe. C'est en ce sens qu'on peut continuer à respirer non pas tant pour nettoyer que pour approfondir son bien-être, en explorer toutes les nuances.

La personne qui accompagne celle qui respire témoigne toujours d'avoir vécu un moment exceptionnel. Il s'agit seulement d'être là le cœur ouvert, de sécuriser par sa présence, d'avoir parfois l'intuition d'un geste, d'une caresse, d'un massage sur une zone douloureuse. Mais le plus souvent ne rien faire et être présent avec le cœur ouvert est le secret du bon accompagnateur. En retour il se passe un partage énergétique au moment où celle qui respire est comme touchée par la grâce. C'est peut-être dans ce partage que la communion s'opère le mieux, l'un ressent en direct, l'autre reçoit à travers lui.

Imaginons deux personnes qui respirent ensemble en boucle, allongées l'une près de l'autre. Le cycle se déroule pour chacune mais, même si elles se prennent la main, il y aura un moment où elles seront emmenées dans leur propre univers. Ce n'est qu'à la fin de l'expérience qu'elles auront envie de se prendre dans les bras et de partager, d'abord silencieusement puis avec des paroles. Dans l'extase, on peut soupçonner que les sommets se côtoient en parallèle et c'est seulement en revenant dans la vallée que les cœurs s'échangent.

L'extase est-elle nécessairement solitaire, n'est-elle communion que pour celui qui la ressent ou celui qui la regarde être ressentie ?

N'y a-t-il pas un profond leurre dans toute cette agitation ? « Les corps se rencontrent, les énergies se rencontrent, les esprits se rencontrent et, à travers cela, un moment de grande extase existe. Mais l'être au plus profond reste observateur, extérieur à l'événement... votre pureté intérieure est absolue[1]. »

Je vous offre l'histoire qui suit comme une invitation à poursuivre cette réflexion-exploration sur l'extase et la volupté.

## *Éternel désir*

Parvati est à la recherche de Shiva, elle est aussi l'âme en nous qui cherche sa réalisation, ce qui peine, souffre, désire et aime, c'est la femme, l'homme, l'oiseau et le nuage.

Ô paradoxe, Parvati est la femme de Shiva de toute éternité mais dans cette vie elle doit à nouveau le séduire, se faire reconnaître par lui et éveiller son amour. Cette histoire se répète indéfiniment. Indéfiniment il faut que Parvati conquière Shiva, qu'elle oublie tout ce qui n'est pas lui, qu'elle se concentre sur ce but unique. Car le cœur du grand ascète ne reconnaît que la pureté, même si c'est par le chemin des sens qu'on arrive à lui[2].

Ce merveilleux et très sensuel conte indien raconte comment Parvati put ramener vers l'amour et la vie le grand ascète Shiva. Il est l'illustration du mystérieux ballet tantrique entre l'énergie et la conscience, entre l'ascétisme et la gourmande sérénité.

Shiva s'adresse à Parvati : « Regarde qui se dirige vers nous maintenant : c'est la divinité tutélaire de ces lieux, elle tient une coupe en cristal dans laquelle elle a versé

---

1. Osho, *Tantra suprême sagesse*, éd. Ronan Denniel, 2001.
2. *Parvati ou l'amour extrême. D'après le* Kumarasambhava *de Kalidosa*, Éditions Auroville Presse, coll. Contes et légendes de l'Inde, 2003.

du vin provenant de l'arbre qui exauce les désirs. Il est vrai, sensuelle fille de l'Himalaya, que ta bouche étant aussi parfumée que la fleur de Bakula et tes yeux naturellement brillants, tu n'as nul besoin d'un élixir pour raviver tes charmes ? Cependant il faut faire honneur à notre amie et accepter son offre. »

Ayant parlé ainsi, Shiva fit boire à Parvati le vin qui enflamme les désirs.

Alors Parvati s'abandonna totalement à la passion. Toute réserve avait fondu. La pudeur même avait disparu. Elle se laissa aller contre la poitrine de Shiva et lui, la prenant dans ses bras, la fit s'allonger. Il se pencha sur elle et resta un long moment immobile, la contemplant avec adoration. Elle balbutiait des mots tendres et inintelligibles, les yeux égarés souriant d'un sourire vague et un peu fou. Il la souleva et la transporta jusque dans une grotte en cristal ouvragé qu'il avait créée pour y abriter leurs amours. Elle s'abandonnait dans ses bras, et ses hanches étaient lourdes, d'où la ceinture des perles avait glissé. Il l'étendit sur une couche dont les draps étaient blancs comme le plumage d'un cygne et doux comme les rivages de sable fin le long du Gange. Là leur amour fut si ardent que les cheveux de Parvati s'accrochaient dans le croissant de lune de Shiva et que les amants s'enfonçaient les ongles dans la peau jusqu'au sang.

Et pourtant le désir de Shiva n'était pas assouvi.

Quand les étoiles pâlirent, il eut pitié de sa bien-aimée et consentit à fermer les yeux. Il se réveilla à l'aube, à l'heure où s'ouvrent les lotus et où commencent à chanter les musiciens du ciel. Une brise légère qui avait ridé les eaux du lac Manas et agité les arbres de la forêt, vint rafraîchir leur corps, et pour un bref instant ils dénouèrent leur étreinte. Voulant remettre son vêtement, elle fit mine de se redresser, mais Shiva l'arrêta. Son regard avait été attiré par des marques violettes à la naissance de ses cuisses. Le vêtement resta là où il était...

Les yeux de Parvati étaient rouges par manque de sommeil, ses lèvres meurtries, ses cheveux en désordre et le *tilak* sur son front à moitié effacé. De la voir ainsi attisait encore davantage la passion de Shiva. Jour et nuit, invisible pour tous sauf pour sa bien-aimée, il s'abreuvait au nectar de sa bouche, allongé sur ses draps maintenant froissés où s'inscrivaient les marques rouges des pieds de Parvati et dans les plis desquels gisait un voile déchiré.

Cent cinquante saisons passèrent comme une seule nuit.

Et pourtant le désir de Shiva n'était pas assouvi.

Il brûlait, dévorant, insatiable, éternel, comme le feu irréductible qui brûle au cœur de la terre.

Cette magnifique page fut écrite probablement au début de notre ère (III$^{e}$-IV$^{e}$ siècle ap. J.-C.). Elle est d'une grande modernité par son sens du détail et son récit en images. Elle plonge le lecteur dans un univers envoûtant. Mais en réalité nous connaissons très peu de chose sur son auteur : Kalidasa est considéré comme l'un des plus grands poètes sanskrits, et on lui attribue trois pièces de théâtre et quatre poèmes. Ici, il est remarquable que figurent côte à côte la plus extrême renonciation et l'extrême abandon au plaisir. Cette poursuite des extrêmes est ce qui se situe au cœur de notre interrogation. Shiva est le dieu ascète, perdu dans la contemplation, indifférent à la douleur et au désir, il est le silencieux, le témoin. Mais quand il s'unit à celle qui agit, il crée. La passion et la concentration s'unissent dans la création. Sans Parvati qui est sa femme depuis le commencement des temps, il resterait non manifesté. C'est elle qui l'enlace pour le retenir à la terre. L'âme suprême est toujours là, déjà là en chacun de nous, mais elle s'unit au mouvement évolutif pour que le monde continue d'être créé. La maîtrise du feu sexuel, sa transformation en lumière, sa ligne ascendante de désincarnation ne saurait se passer de la descente de la lumière dans la matière, dans la vie. La folie de l'instinctif se mêle à la maîtrise pour que la vie se perpétue à jamais. En nous aussi le cycle de la sagesse s'unit à nouveau au risque de la vitalité pour célébrer le renouveau et se donner à plus que soi.

### *Que triomphe la pure volupté de l'instant*

C'est une histoire magnifique. En nous la volupté et l'extase s'enlacent et se conjuguent comme le masculin et le féminin dans le caducée. La naissance spirituelle au vaste est une possibilité qui se joue au plus serré de l'individuel. La solitude et la communion se répondent et se respectent inlassablement, s'éloignent et s'unissent dans une acceptation du mouvement.

Soyons de ceux qui développent un art de sculpter le temps, unissant dans un même cercle le passé, le présent et l'avenir : « Élargir son être aux dimensions du monde, consentir aux voluptés des vitalités qui nous traversent en permanence, voilà l'art de sculpter le temps, de s'en faire une puissance complice [1]. »

1. *Ibid.*, p. 155.

## *La sérénité s'accommode-t-elle de la sexualité ?*

La belle Kamala lui apprit « qu'après chaque fête d'amour, les amants ne devaient point se séparer sans s'être admirés l'un l'autre ; chacun devait emporter l'impression qu'il avait été vaincu dans la même mesure qu'il avait vaincu lui-même ».

Hermann Hesse, *Siddharta.*

### *Le désir est-il l'ennemi de la sérénité ?*

Condamner le plaisir, fustiger la sensualité, codifier la sexualité, vanter la virginité ont longtemps représenté un degré supérieur d'évolution. Purification et renoncement pour aller vers la contemplation, l'inexprimable, l'insaisissable, la lumière intelligible, l'ineffable, l'incorporel, l'indicible, le beau en soi, sans forme, sans figure, invisible et imperceptible.

Nous sommes encore sollicités par une spiritualité collective qui travaille à détruire le corps, à nier la vie, à discréditer le réel. La voie ascétique paraît toujours la seule voie pour préserver la sérénité.

Le désir me mobilise et me déstabilise, il vient me

chercher dans l'illusoire de mes conforts, de mes stabilités. « Je rencontre quelqu'un » : phrase terrible qui ouvre tant de choses et parfois en ferme d'autres.

Il faut bien reconnaître que, dans le mouvement même du désir qui « tend vers », se joue un désordre qui vient troubler la surface de mon lac de sérénité. Mes projets, mon futur, mes échafaudages et mes constructions me donnent de l'élan, de la force, de la fièvre mais sont-ils compatibles avec mon désir conjoint de stabilité. Tant qu'il ne s'agit que d'un désir je ne suis encore que dans le vertige mental de la contradiction qui n'en finit pas de refermer ses mâchoires sur moi.

Dans les dédales du mental, je suis une errante, une prisonnière volontaire, involontaire.

Vers quelle priorité de désirs puis-je me diriger, quelle hiérarchie puis-je instaurer ? Je suis dans cette marmite très inconfortable où tout bouillonne. Je tiens le grand écart entre l'instinct de base et la sublimation. Je cherche le passage tout en l'ayant déjà trouvé. Qu'est-ce qui me tient et me retient ? L'apprentissage recommence encore et encore sur la roue qui tourne. Je me livre au maelström pour ne pas céder à la facilité d'un plaidoyer pour la lumière.

Je suis dans cet endroit de l'être où on veut tout conserver. La chair, la vitalité et le contact inaltérable avec l'être.

Je regarde les yeux de Ramana Maharshi, et j'enfile dans la hâte mes baskets pour partir courir et grimper dans le soleil, prendre un bol d'air. Je voudrais être celle que je fus, l'enfant d'hier, celle qui enseigne, et celle qui sera et dont je ne connais encore que les contours incertains – comment accoucher d'un soi-même plus authentique ?

La matière et l'esprit. Moins de matière donne-t-il plus d'esprit ? Depuis des années je vois cet ami se transformer. Lire sans cesse Osho et Ramana Maharshi, passer d'une maison à un deux-pièces, à un studio, à un bateau minimaliste, réduire ses besoins, son espace, se dépouiller systématiquement, simplifier, rendre plus nue son existence, peu de contacts, peu d'amis, de la qualité et de moins en moins de quantité. Je reconnais la valeur de cette expérience, je l'ai menée à ma manière à l'âge de trente ans : pour ne pas jouer le jeu de la société, j'avais réduit mes besoins au strict minimum, dans une cabane à peine chauffée. « Moins j'occupe d'espace extérieur, plus j'ai de la place à l'intérieur. » Ainsi s'exprime cet ami. Aujourd'hui je suis entourée de livres, de papiers, de vêtements, de bien-être et de maison. Les possibilités au-dehors se sont agrandies. Se sont-elles rétrécies à l'intérieur ? Je laisse venir l'abondance, j'entrevois une pénurie possible. Et pourtant je connais la vie minimale, j'en garde comme une trace lumineuse.

La sérénité s'accommode-t-elle d'une abondance, d'une multiplicité de désirs et de plaisirs ? Y a-t-il un piège dans le fait de consommer ? Le confort produit-il un amollissement de l'être ?

Je suis à un carrefour. Je change de maison. Je vide cette maison que j'occupe depuis longtemps. J'épure, je jette, je classe mais surtout je réoriente ma barque vers un voyage plus serré vers l'essentiel. Il me reste quinze, vingt ans à vivre. Que puis-je réaliser ?

Il y a bien longtemps déjà, dans les années soixante-dix, j'ai pris le parti de ne pas diriger mon énergie vers la conquête extérieure, mais de cheminer vers une réalisation intérieure.

Je peux regarder ma vie comme une succession de creux et de bosses, les creux étant la sensibilité à fleur de peau et les bosses représentant l'activité intellectuelle. J'ai une nature à la fois artistique et philosophique, contemplative et active, solitaire et extravertie. Mon attirance pour Nietzsche tient à ce qu'il y a chez lui cette double dimension du poète sensible pratiquant une pensée vigoureuse et démystifiante. Rêver oui, mais pas sur n'importe quelle base. De quinze à vingt-cinq ans, les années d'études ont représenté une formation plus intellectuelle que sensible bien que les expériences amoureuses aient constitué une part non négligeable de cette initiation à la vie et à la pensée. La période suivante avait pour but avoué de lâcher la tête, le mental commençait à être détrôné au profit d'un retour à des vécus d'unité notamment dans la nature. L'extase océanique du sexe et de la contemplation, le sens du présent, la sagesse de l'être, tout cela se présentait pêle-mêle et constituait désormais un but.

Les mots n'étaient pas toujours là, mais les expériences s'accumulaient, dans différents pays. J'avais rompu avec des projets socialement organisés, avec l'Éducation nationale, avec ma famille, avec toute forme de sécurité.

La sérénité de la sagesse demandait une vie pauvre, réduite à l'essentielle et nomade. La sérénité fait-elle bon ménage avec l'insécurité ? C'est une question que je ne me posais pas dans l'abondance insouciante des années soixante-dix où je pouvais me permettre de refuser des postes aussi bien dans l'enseignement que dans l'édition. Vers trente ans j'étais persuadée que je devais m'abandonner corps et âme à la quête extérieure et intérieure, que la fidélité aux insurrections de mai 68 – auxquelles j'avais activement participé aux côtés de Cohn-Bendit mais aussi de Jean-Jacques Lebel – exigeait de moi une recherche dans l'ombre, dans l'humilité de l'expérience. Pour qu'une liberté nouvelle puisse s'inscrire dans la société et les institutions, il fallait d'abord s'assurer d'une libération individuelle. L'humain était-il libérable, le matériau que je représentais et dont je pilotais les commandes pouvait-il traverser les hypocrisies et les aliénations ambiantes ?

Est-ce que je pouvais participer à l'avènement d'une nouvelle conscience ? Comment et avec qui ? La question se pose toujours, même si j'ai expérimenté des réponses. Elle se repose régulièrement. Pour ceux qui souhaitent se soustraire aux influences lénifiantes d'une société orientée vers la consommation, l'argent et la distraction de soi, quelle solution existe-t-il ? Est-il possible de résister aux courants dominants en tant qu'individu isolé ? Vivre marginalement, porter cette étiquette, élever ses enfants dans l'insécurité, est-ce s'affaiblir ou se préserver du laminage général ?

Nous sommes dans un temps où le fait de poser les bonnes questions est peut-être plus important que d'y répondre. Car inventer des solutions neuves et individuelles fait partie du voyage. Quel voyage ? Celui de la conscience en chacun d'entre nous. Merveilleuse ténacité de la sagesse qui creuse son sillon en chacun, qui apparaît, qui s'enlise, qui réapparaît.

### *Ouvertures de conscience*

J'ai cherché, j'ai trouvé. J'ai expérimenté les « expanseurs » de conscience, marijuana, LSD, champignons, je les appelle ainsi parce qu'ils ont joué ce rôle pour moi – d'autres préféreront parler de drogues. Je les ai accueillis de manière sacrée dès le début, et ils m'ont donné contact avec une partie plus mystique de moi-même qui renouait avec des expériences d'enfance dans la nature. La vibration intérieure reprenait une place dont l'avait chassée la structuration intellectuelle. Pilotée désormais plus par une intelligence du cœur qu'une intelligence de la tête, je me retrouvais dans un monde plus coloré, plus savoureux, plus odorant et plus musical, plus visuel aussi. Mon cœur s'ouvrait avec mes sens. Je chantais et dansais la vie avec un grand sens du bonheur immédiat.

Au bout de deux ans d'expériences intenses, je me suis posé la question majeure : est-il possible d'atteindre les mêmes états de conscience par des moyens naturels ? Je ne voulais plus défoncer de manière fracassante les portes intérieures, je voulais entrer au royaume de la paix et de l'émerveillement par des voies douces. La clef se trouvait dans le cerveau. Je ne poursuivais pas l'illumination. Éveillée, je l'étais déjà depuis mon enfance par des expériences dans la nature et les expanseurs avaient réactivé cet état. Mais la sagesse promettait non un instantané mais une pérennité, une permanence. Il était clair pour moi que tous ces gens qui faisaient état de leurs expériences d'éveil avaient certes vécu des expériences hors du commun, mais restaient souvent très ébranlés et comme déséquilibrés dans leur vie quotidienne, avec une sorte de nostalgie insupportable de ce qui n'était plus aussi aisément accessible. Ils enseignaient – souvent des hommes – l'inenseignable.

J'ai cherché, j'ai trouvé. Le yoga, la respiration, la nourriture saine, une vie du corps repensée de l'intérieur, une tranquillité à habiter un corps assainit, une hygiène de vie, les pieds nus dans la rosée, l'eau froide sur un corps assouplit, la peau plus rose et plus vivante, la vibration de l'énergie. Exaltation à inscrire le changement jusque dans la matière. Jour après jour, trouver le mode alimentaire qui correspond à son mode de vie, repérer les désirs alimentaires qui viennent de l'avidité de la tête et non du besoin du corps. L'exercice d'une tempérance.

Saluer le soleil à son lever. Se laisser emplir par l'exaltation du sentiment de vie et sa pureté. Oui, la sérénité se développe dans un corps célébrant. Quand le dévoilement vient des cellules du corps. Une vie pure. Une vie impure. Le sentiment du pur peut-il gagner sur l'impur ? La sexualité est-elle pure ou impure ? La tête connaît déjà une réponse ouverte qui redonne à la sexualité ses lettres de noblesse. Mais l'esprit et le cœur parfois s'émeuvent et refusent l'humain trop humain de cette chair.

### *Célébration*

Imaginons la clarté de l'aube. Une femme fait son yoga au petit matin sur une plate-forme de bois bien orientée au soleil levant. Un homme la rejoint une heure plus tard dans une étreinte de fusion où leurs deux formes d'énergie se conjoignent subtilement. Imaginons qu'ils s'allongent ensemble sur le tapis de yoga et qu'ils se pénètrent longuement en amour et désir. Le tapis de méditation en serait-il souillé ? La matinée de ces deux apprentis à la sagesse en serait-elle perturbée, ou illuminée ?

Les deux choses sont possibles. Comme il est également envisageable que le désir de l'un l'ait emporté sur le désir de l'autre. Ce qui a comblé l'un est alors source de mal-être pour l'autre. Mais s'ils ont partagé le même appel, ils peuvent avoir vécu ce moment en toute sérénité, avant, pendant et après l'acte sexuel. La sexualité en elle-même n'est ni trouble ni troublante. Elle est l'expression d'un accomplissement et d'une plénitude ; le corps chante oui avec profondeur et hauteur. Le désir non satisfait par contre peut être source de trouble, le désir de l'un auquel l'autre ne répond pas.

L'acte sexuel est parfois le seul moment de sérénité d'une personne angoissée, agitée, troublée par des engagements divers et des pressions de réussite. Le retour au corps lui permet de se sentir totale, animale et réconciliée avec la vie.

Mais le bon partenaire au bon moment reste une conjonction improbable. Vivre avec quelqu'un sur la durée et dans le désir, dans l'ardeur du cœur et du corps peut rester exceptionnel notamment pour des êtres en constante évolution.

J'ai longtemps considéré qu'il ne fallait pas dans la relation amoureuse faire un contrat de durée, mais s'engager pleinement pour l'instant présent et les mois suivants avec prudence, que nos fidélités devenaient successives dans la mesure où nous vivions plusieurs vies en une seule.

*Se confronter et se construire*

J'ai cherché, et j'ai trouvé. Le cœur et le corps se satisfaisaient d'une vie saine et consciente près d'un compagnon qui avait les mêmes exigences, mais je voulais rencontrer un maître au vrai sens du terme. Je m'explique. La plupart des gens vivent et meurent en disciple de quelque chose ou de quelqu'un, ils n'ont pas le goût de la prise en charge personnelle, de la solitude des choix. Ce n'était pas vraiment mon cas et ça ne l'est toujours pas. Je cherchais, sans le savoir explicitement, une confrontation, une usure de mon ego, un frottement décisif qui me libère de mes complexes même au prix d'une exacerbation temporaire.

C'est ainsi que je me retrouvai dans l'une des pires histoires que j'aurais pu imaginer. Un dominant type, pervers et manipulateur, puissant et hors norme, allait me donner la meilleure leçon de conscience pour que je puisse ne pas rester son disciple et que j'aie la force de traverser le réseau arachnéen qu'il tissait sur tous ceux qui avaient la faiblesse et l'élan de se laisser embrigader dans son groupe. Cette famille d'une centaine de personnes constituait une matrice de transformation où la chrysalide a trouvé bon an mal an les conditions favorables à sa croissance. D'une part, des règles spirituelles traditionnelles ; d'autre part, une liberté sur le plan relationnel et sexuel qui autorisait le fait de repenser et de créer une spiritualité contemporaine. À travers ce père de substitution, j'achevais mon adolescence intérieure et je traversais les forces sadiques du patriarcat. Cet homme s'entourait de femmes qui étaient ses créatures soumises mais qui lui échappaient régulièrement, alimentant sa fascination et sa haine. Cette matrice m'a protégée du monde extérieur pour construire une autonomie spirituelle. J'aurais sans doute pu en trouver une autre – j'ai longtemps pensé ainsi rejoindre Osho en Inde puis aux États-Unis –, mais la foi qui m'habitait sur ma transformation intérieure me tenait lieu de bonheur. La Polynésie me donna l'énergie d'une bascule décisive et je pus sortir de l'engourdissement hypnotique où je m'étais tenue pendant ces années. Ce fut alors un feu d'artifice créatif. Je renouai avec l'écriture dont je m'étais exilée. Je renouai aussi avec le désir et l'amour dont je m'étais éloignée.

Inconsciemment tout se passait comme si, obéissant à une loi invisible, j'avais su que le célibat me donnerait accès à ma force intérieure. Je peux formuler aujourd'hui que la constitution de l'animus demande chez une femme un temps de repli sur soi. C'est ce qui s'est passé. J'étais prête pour l'affirmation de moi et prête aussi pour nourrir la fertilité d'un couple aussi bien que la fertilité d'une œuvre.

### *La sérénité, une certitude intérieure*

Vingt ans de travail, de joie, de partage, d'amour, de beauté, de noblesse tel est le regard que je peux porter rétrospectivement sur mon passé, moi qui ne souhaite jamais regarder en arrière. Vingt ans de quête intérieure incessante où je n'étais pourtant pas celle qui cherche mais celle qui trouve. Vingt ans d'épanouissement dans la maturité. Quelle plénitude dans les séminaires, ateliers, stages, je n'ai jamais pu me cantonner exclusivement dans l'un ou l'autre de ces termes. Comment décrire la profondeur spirituelle de communication et parfois de communion qui se tisse des uns aux autres ? Cette expérience unique, je n'en trouve le récit nulle part dans notre culture. Je crois que ce sont ces rencontres avec l'invisible qui m'ont sculptée et qui me permettent de témoigner d'une spiritualité en dehors de toute obédience. Je voudrais rendre hommage à ceux qui m'accompagnent au quotidien car c'est aussi avec eux que s'est construite l'authenticité de ce socle. C'est avec eux que j'ai compris la différence qui sépare et unit la personnalité et ce courant de révélation interne qui se rapproche toujours plus de l'être et du centre, du Soi. Toujours là, toujours à distance. Coïncider avec ce centre est une navigation au plus serré. La sérénité n'est pas un acquis, mais une certitude.

Tant que je suis engagée dans l'action, tant que j'accepte de me confronter aux imprévus du mouvement, je me livre aux alternances, aux intermittences du centrage, décentrage. La sexualité active, celle qui me relie à mon corps et aux corps des autres n'est pas différente de toutes les autres actions. Elle est conquête de plaisir, elle m'entraîne dans un parcours entre frustration possible, satisfaction et plénitude plus ou moins complète, plus ou moins nourrissante pour la totalité de l'être. Parfois seule la périphérie est concernée. La peau est comme détendue, apaisée, le corps ronronne, l'esprit reste à l'écart. L'alignement sexe cœur tête n'est pas au rendez-vous de toutes les approches sexuelles. Faut-il s'en étonner, s'en affliger ? L'exigence peut être une vertu ou un excès. L'acceptation une lâcheté ou une sagesse.

Une sexualité débridée et sauvage plonge à la source d'un merveilleux apaisement qui fait contacter à l'être une profondeur d'unité, une sortie du temps. Ce moment exceptionnel n'est-il que fulgurance sans autre effet ? Je ne crois pas. Il inscrit comme une trace, un souvenir qui renforce une certitude de fond, d'appartenance au grand calme. Il prépare d'autres temps. L'inconscient en nous cadre un pilotage vers le meilleur dès que possible. Puisque je sais, je le retrouverai. Aucune expérience majeure n'est faite en vain et perdue pour toujours. Nous cumulons mystérieusement, nous tirons le fil, nous éclosons à nous-même. Ainsi la sérénité est déjà là et elle se construit, elle s'incarne.

Oui, le désir peut être une souffrance et une brûlure de ne pas recevoir de réponse. Oui, le manque et la frustration peuvent être dévorants, conduire à des solutions de compensation dégradantes, révéler les parties haineuses. Oui, parfois le sol semble s'effondrer sous nos pas. La sexualité est un tel enjeu. Il ne s'agit de rien de moins que de l'immortalité d'abord par la reproduction, puis par l'éternité de l'âme.

### *Sexualité ou chasteté*

L'intelligence de la reproduction nous manipule pour nous faire trouver le scénario du meilleur reproducteur, de la meilleure reproductrice. Dans ce processus, l'extase n'est pas nécessaire mais pas non plus exclue. Par contre, la sérénité a une forte composante biologique, hormonale pour la jeune mère qui est inondée d'optimisme. Pour le futur père, la situation est plus délicate. Que faire de ces millions de spermatozoïdes désormais en attente et en principe inutilisables dans le contrat moral de futurs parents ? Une sorte de sacrifice biologique caractérise l'accès à la paternité dans le cadre familial.

Mais ce sacrifice s'accomplit aussi pour les célibataires hommes et femmes qui refusent d'obéir aveuglément au programme de reproduction et qui faute du partenaire attractif se résignent à une contention sexuelle.

Depuis des siècles la contention sexuelle tente d'instaurer des justifications et des sublimations notamment par le biais des religions et des traditions. La société domestique la sexualité, le patriarcat instaure la domination de l'homme sur la femme, et dans notre période post-patriarcale les femmes se libèrent et inversent les rôles. La sexualité a été sous haute suspicion. Elle est censée éloigner les humains de leur salut et, dans les trois grandes religions monothéistes, la femme est la tentatrice diabolique face à l'homme qui s'efforce de lui résister. La coupure est consommée, institutionnalisée. La sexualité et la sérénité ne font pas bon ménage. L'amoureux de la sérénité est invité à pratiquer une contention, une chasteté volontaire. Le prêtre homme de Dieu devra même se consacrer exclusivement au divin et il en sera de même pour les femmes dans les ordres monastiques.

Pourquoi cet ostracisme sur la sexualité ? Les traditions orientales iront plus loin puisqu'on a popularisé l'idée que dans le tantrisme et le taoïsme la contention sexuelle de l'homme permettrait de conserver l'énergie séminale et de favoriser ainsi le processus d'illumination, de rencontre intérieure entre le masculin et le féminin. Il y a sans doute aujourd'hui un certain nombre d'Occidentaux et bien sûr d'Orientaux qui pratiquent la chasteté dans cet esprit et cet espoir.

Est-il possible de tuer en soi le désir pour l'autre ? L'introjection du désir est-elle un processus de narcissisme et de refoulement ?

Ces questions méritent d'être posées, même si, dans l'état actuel des connaissances et des pratiques, des études et des enquêtes, les réponses semblent malaisées ou partisanes.

L'absence d'intérêt pour la sexualité est-elle un signe de désordre pathologique ou un témoignage de maturation psychique et spirituelle ? L'autonomie de l'androgyne que l'on s'accorde à considérer comme un stade d'évolution souhaitable pour chacun implique une harmonie entre le féminin et le masculin intérieur mais ne signifie pas pour autant une autarcie sexuelle. Le retournement de conscience décisif consiste à ne plus être agi par un besoin impérieux du corps de l'autre, à être capable d'intérioriser ce désir, de jouer avec lui de manière à ce qu'il ne soit pas compulsif mais en harmonie avec les dimensions du cœur et de l'esprit. Je te désire et mon cœur s'ouvre à toi ; dans l'instant tu es la meilleure partenaire que je puisse avoir. Tu représentes la divinité masculine et je me sens ta divinité féminine ; le monde peut se résumer à ce nous sans qu'il y ait d'aliénation.

Dans ce niveau d'évolution vers l'androgyne intérieur, l'homme et la femme sont attirés sexuellement l'un vers l'autre dans une absolue sérénité. La méditation, les caresses sensuelles, les jeux, les rires, les parfums et les musiques font partie de leur rencontre. Ils sont provisoirement dans une bulle de cristal d'amour où les cellules peuvent accélérer leur potentiel amoureux. Tout est plus chaud, plus vivant, plus vibrant donc plus spirituel. Je ne poserai pas l'élévation de l'être hors du corps mais dans le corps.

J'ai aujourd'hui plusieurs amis qui retombent dans les vieux schémas de la spiritualité. Tant qu'ils étaient relativement jeunes, le corps se faisait sa place comme en douce et cohabitait avec des croyances spiritualistes qui restaient inopérantes. Puis la baisse de libido venue des hormones a commencé d'agir sournoisement pour légitimer et amplifier un manque d'intérêt pour la sexualité. Plus serein paraît aussi le fait de n'avoir pas à remettre en question une relation de longue durée dans laquelle le désir s'est effacé. Convention sociale, sécurité affective, jeu hormonal au ralenti favorisent la résurrection de croyances inculquées au catéchisme ou ailleurs. L'abandon de la sexualité devient synonyme de sagesse. Elle n'est peut-être que renoncement et démission.

Pour autant, il peut être agréable d'avoir des temps de rémission, des parenthèses de chasteté où l'on renforce sa vie intérieure par très peu d'éros extraverti.

La proposition quasi universelle de chasteté dans l'humanité pour spiritualiser son existence appartient-elle à une peur du sexe, elle-même redoublée d'une peur des blessures du cœur, donc d'une fragilité narcissique ? S'agit-il d'une mystification d'origine masculine longuement entretenue par une misogynie, d'une pratique ritualisée destinée à nourrir un fantasme, d'un rêve de toute-puissance face aux tentations de la chair, d'un imaginaire de réalisation énergétique et spirituelle réservé à l'élite masculine ? On est en droit aujourd'hui de se reposer des questions. Nous ne sommes pas obligés de traîner de vieux boulets, de barrer la route d'une libération intérieure et d'une conscience affinée avec des croyances destinées à maintenir un ordre social périmé. C'est notre travail le plus difficile et le plus périlleux que celui de faire un tri dans notre héritage. Il y a aujourd'hui beaucoup de choses à écarter du chemin. Longtemps la direction a été ascendante, avec un principe d'évasion vers le haut et de décorporation. Pour accéder au corps subtil faut-il renier le corps matière ? La spiritualité de l'être est-elle une évasion vers un Dieu transcendant, une révélation du dieu immanent ou une invasion de la matière, une descente dans un réel toujours plus réel ? Entrer et sortir. Ce n'est pas entrer ou sortir. N'y aurait-il pas comme une conception masculine de la spiritualité, avec un combat contre les ténèbres au nom de la lumière et une conception féminine, réceptive qui consiste à s'abandonner toujours plus, à s'ouvrir à ce qui est. C'est bien en vain que ces deux conceptions entreraient en lutte. Mais une spiritualité guerrière de pénétration ne saurait apporter la sérénité de manière durable, elle lutte en vain contre la mort physique et pour l'éternité de l'âme.

Au féminin de l'existence signifie aussi au réceptif de l'existence. Dans le développement personnel, le mot « lâcher-prise » est devenu central précisément parce qu'il s'agit de ne plus vouloir tout contrôler mais tout aimer.

La notion de pouvoir corrode souterrainement tous les enseignements spirituels.

La suprématie masculine s'affirme dans tous les textes et il faudrait soigneusement les dépoussiérer pour qu'ils ne poursuivent pas leur œuvre d'aliénation et de mystification. Peut-être même faudrait-il ne s'en tenir qu'à l'expérience du souffle, de la respiration qui vient éveiller les canaux subtils et faire confiance à cette expérience en continuant de se méfier de l'ego spirituel de tout enseignant qui a tendance à croire que son expérience a valeur universelle.

Nous sommes constamment culpabilisés et pénalisés d'aimer la vie sous toutes ses formes, tant que la matière, la femme, la sexualité sont susceptibles de nous éloigner de l'essentiel, de la lumière, de la paix et de la sérénité. Si nous ne sommes pas des renonçants, nous sommes des traîtres à la cause spirituelle, des complices de la périphérie, et à jamais des affamés. Piètre condition humaine. Et ceux qui se seraient consacrés par leur abstinence poursuivraient en asymptote une hypothétique libération.

Toujours plus de silence, toujours moins de parole, de nourriture, de contact, de lecture, de pensée, toujours plus de vide, toujours moins de vie et jusqu'où ? Est-il vrai que, moins j'ai d'espace extérieur, plus j'ai d'espace intérieur ? Rien ne me paraît moins sûr. Il n'y a pas de recette de ce genre. Tout est question de cohérence. Mais mes croyances seront agissantes dans la mesure où j'y croirai de tout mon être. Si je suis persuadée qu'en vivant seule dans une cellule un certain nombre de mois je m'enrichirai d'une sérénité irréversible, il est possible que cela se produise. Quel en sera le prix ? La solitude sera-t-elle insupportable ? Aurai-je l'impression de toucher la folie ? L'épuration n'est pas un vain mot. Le jeûne de nourriture produit des détoxinations. Le jeûne de relation produit une intériorisation mais aussi éventuellement une accélération du mental qu'il faut pouvoir supporter puis abandonner. L'expérience n'est pas garantie. Elle comporte sa part de risque.

Aujourd'hui je crois plus à l'alternance des modes de vie qu'au glorieux absolu.

Y a-t-il un mode de vie qui corresponde à l'acquisition d'une sérénité ? Rien ne se passe ainsi à l'extérieur. Tout dépend de ce que chacun apporte dans sa vision intérieure.

### *Pratique spirituelle*

Je vais sans doute heurter et décevoir un certain nombre de personnes qui se nourrissent d'une façon ou d'une autre d'un romantisme de la spiritualité. Ils ont des pratiques de bien-être, ils aimeraient faire quelques retraites méditantes, ils lisent des livres poétiquement en résonance avec une dimension d'être et ils souffrent constamment de leur incomplétude, ils se sentent coupables de ne pas faire grand-chose pour la vie de leur âme, et chaque fois que la mort se rapproche à travers le décès d'un proche ou une maladie, ils se promettent de donner davantage de temps à une recherche. Puis le quotidien de la consommation reprend. Ils espèrent bon an mal an qu'il se passe quand même quelque chose sur un plan plus subtil, qu'ils progressent, que la plante grandit.

Et ils ont sans doute raison. La notion d'effort est souvent couplée à celle d'évolution et de transformation. Pourtant, c'est moins la volonté consciente dont il faut espérer l'adhésion, qu'un mouvement de fond venu de l'inconscient. Le feu couve en nous longtemps sous la cendre avant de brûler au grand jour. L'évolution n'est pas linéaire, ni proportionnelle au mérite. Elle cherche en nous la ligne de moindre résistance pour franchir les contrôles et laisser déferler le flux énergétique. Parfois il ne se passe rien de notable à l'extérieur alors que l'acuité et la luminosité intérieure s'intensifient. Tout devient plus harmonieux et plus vibrant.

Toute rencontre amoureuse est comme un printemps de la vie. Les arbres fruitiers explosent de fleurs après un long hiver. Les promesses de l'être abondent, apportant l'enthousiasme et l'émerveillement qui s'étaient enlisés dans l'obscurité. Tout m'a préparée à ce moment et il n'est la somme de rien. Le sang se fait plus vif dans mes veines, je suis renouvelée de jeunesse intérieure et mon corps participe. Moins je pense, plus je ressens, plus je bénéficie de ce temps de grâce. Même si je suis tentée de penser : combien de temps va durer cet état ? Qu'est-ce que je dois changer dans ma vie, dans mon comportement pour que l'autre m'aime encore et toujours ? Il y a tant de raisons et de déraisons pour s'inquiéter, faire des plans pour le futur, circonscrire les dangers autour de cette rencontre qui n'est encore qu'une jeune pousse fragile.

Mais l'ardeur de ce feu est à lui-même la réponse. Il réchauffe, il vivifie, il promet. Est-il possible de l'éprouver en dehors de tout contexte amoureux personnifié ? Est-il possible d'être un amoureux de la vie ? D'autogénérer en soi cette expansion solaire, ce pétillement qui déclenche des flots de bien-être guérisseurs du corps et de l'âme. Plutôt que de s'atteler à des épurations sans fin qui sont autant de punitions tentant de nourrir les culpabilités affamées, pourquoi ne cultiverions-nous pas consciemment cette sensation intérieure d'ouverture, de ravissement, de confiance parce que nous acceptons de nous poser sur l'activité qui nous plaît le plus, parce que nous la portons à son point d'excellence et de réalisation du jour, parce que nous remercions d'exister, parce qu'au sein même de ce que nous faisons nous posons aussi la distance, le regard qui bénit et se réjouit, parce que notre pensée déconditionnée est celle d'un dieu et non celle d'un esclave ?

Mon sexe respire, je mobilise mon fondement, j'ouvre mon cœur, je pose mon attention sur mon crâne, mes plantes de pied sont chaudes, mes mains sont chaudes et c'est ainsi que je me retrouve vitalisée d'un feu intérieur du bas en haut et du haut en bas. Je fais l'amour avec moi-même, pas de manière onaniste mais globale, océanique ; je suis comme baignée d'énergie et je me réjouis de cet état.

Plusieurs fois par jour, je reviens à cet exercice qui finit par devenir comme une seconde nature. Le mental s'en trouve comme lissé, discipliné, aéré, il ne fonctionne plus que sur demande express. Pour le reste, il s'est mis au repos comme s'il était rassuré fondamentalement par la présence d'autre chose. Mystère du fonctionnement du cerveau humain. Qu'est-ce qui fait que je peux perdre contact avec cette pratique simple et bienfaisante ? Je ne l'ai pas apprise quand j'étais petite. Ce n'est donc pas une habitude acquise, mais une discipline. J'ai une nature qui rechigne à la discipline. Je ne suis pas convaincue. L'illumination, la libération de l'être, cet objectif est grand, mais placer son attention dans son sexe et respirer plusieurs fois par jour, c'est contre nature, inavouable et à la limite ridicule. Une chose et son contraire. L'évolution se fait sans le concours de la volonté consciente, mais elle se fait aussi avec le concours de cette volonté créatrice et beaucoup de détermination, de projection sur l'idée de réussite. On n'écrit pas un livre comme celui-là sans en ressortir changée, on ne le lit pas non plus impunément. Évoluer, avancer vers une perception subtile de son corps, apprendre à se remplir de l'intérieur sans mendier l'attention et l'amour, allumer son feu intérieur, telles sont les bases d'une solidité, d'une sécurité intérieure. Sexualité non génitale et sérénité avancent ensemble et peuvent se conjuguer solitairement ou à deux.

Et quand on vit à deux on découvre qu'on est habité par une éthique voluptueuse faite de prévenance, de patience, de dévouement d'âme et de corps, dans une égalité entre les deux sexes.

# *Un nouveau code amoureux*

« L'amour est de tous les sentiments le plus égoïste, et par conséquent, lorsqu'il est blessé le moins généreux. »

Benjamin Constant.

La sérénité n'est pas exclue de la vie de couple mais encore faut-il avoir dépassé la lutte des ego. Il est temps que notre époque se donne un mode d'emploi.

*Peut-on redéfinir l'amour ?*

Je me connais à travers toi et tu te connais à travers moi et tous les deux nous ne savons pas qui nous sommes.

« Ils étaient amis mais ils ont cessé de l'être... l'un parce qu'il se croyait trop méconnu, l'autre parce qu'il se croyait trop reconnu – et en cela ils se sont trompés tous deux ! – car chacun ne se connaissait pas assez lui-même[1]. »

---

1. Sauf indication contraire, toutes les citations qui suivent dans ce chapitre sont empruntées à F. Nietzsche, *op. cit.*

Amis ou ennemis ? La frontière est faite de cette matière explosive qu'est l'ego de chacun. À partir de quoi et de quand l'autre me met-il en danger ? Son regard posé sur moi constitue un miroir supportable, flatteur, encourageant ou défavorable, dévalorisant. Une relation au départ positive de part et d'autre sur le plan narcissique ne survit pas à une sensation négative. Tant que chacun n'assume pas sa part d'ombre, l'autre devient vite le support commode de cette partie de soi reniée. Ainsi avec toi je me sens trop à l'étroit dans le costume que tu proposes ou, pire, caricaturé, défiguré, soupçonné du pire, encensé au-delà du supportable. Être bien avec quelqu'un signifie bénéficier d'assez d'espace pour rester en croissance d'une façon ou d'une autre.

« Une femme aimait secrètement un homme, l'élevait au-dessus d'elle et se disait cent fois en secret : “Si un pareil homme m'aimait, ce serait comme une grâce devant laquelle il faudrait que je me prosterne dans la poussière !” Et il en était de même pour l'homme, précisément pour la même femme, et à part lui, dans le secret de son être, il se répétait des paroles semblables. Lorsque enfin il se trouva que la langue de tous deux fut déliée et qu'ils purent se dire ce que tous deux avaient de profondément secret, il y eut un silence et une certaine hésitation. Puis la femme reprit d'une voix refroidie : “Mais il est tout à fait clair que nous ne sommes pas tous deux pareils à ce que nous avons aimé ! si tu es ce que tu dis, et si tu n'es pas davantage, je me suis abaissée en vain pour t'aimer ; le démon m'a égarée tout comme toi.” Cette histoire très vraisemblable n'arrive jamais – Pourquoi ? »

Dans une rencontre amoureuse se glissent ainsi bien des malentendus, des projections positives abusives qui flattent l'orgueil de chacun et qui créeront sur le temps un désenchantement.

Aimer consiste à projeter des qualités positives et désirables sur l'autre, qualités que nous ne pensons pas posséder. Il est donc évident que cette personne possède une supériorité sur moi. Mais s'il s'avère qu'elle me vénère comme je la vénère cela signifie qu'elle n'est pas ce que je croyais. Deux illusions sont en présence et se dégonflent mutuellement. Qu'est ce qui fait que cet éclairage ne se manifeste pas dans la vie réelle ? L'illusion fusionnelle est trop attractive, elle procure un état bienfaisant trop extatique pour supporter une dénonciation qui viendrait de la raison. C'est pourquoi l'illusion dure. Il va falloir attendre les coups de boutoir des petites circonstances de la vie.

« En quoi les plus nobles se trompent. On finit par donner à quelqu'un ce qu'on a de meilleur, son trésor – et maintenant l'amour n'a plus rien à donner : mais celui qui accepte cela n'y trouve certainement pas ce qu'il a, lui, de meilleur et par conséquent il lui manque cette pleine et dernière reconnaissance, sur quoi compte celui qui donne. »

Ce n'est jamais assez de part et d'autre. Même à supposer que je persévère, que je tente de te donner le meilleur de moi-même, ce que tu reçois ne correspond pas exactement à ce que serait pour toi ce meilleur et tu ne m'es pas reconnaissant.

La lutte des ego pour la reconnaissance est une lutte sans fin. Il faut quitter ce plan pour pouvoir entrer dans le domaine plus gratifiant de la présence.

C'est à partir du moment où je contacte la présence de mon ermite intérieur que je peux espérer prendre de la distance et me connaître un peu moi-même.

Le plaisir d'une écoute de l'autre et d'une empathie m'initie à la chaleur et à la valeur d'un contact profond. Découvrir le bonheur d'aimer au sens d'ouvrir ma présence à l'autre à partir de l'enracinement de la présence à moi-même me permet de basculer de celui qui aime comme un prédateur à celui qui aime dans l'ouverture, le dépassement et le don. Le déclic que nous cherchons tous se trouve là. Il faut trouver l'énergie pour changer de niveau de plaisir. Le fait de le savoir peut nous y aider.

Tout m'inspire lorsque je sens que je suis mise en contact avec le mystère de la vie. Nous n'avons pas qu'une vie, nous en avons plusieurs en fonction de nos niveaux de conscience. Qu'est-ce que vivre ? Qu'est-ce que réussir sa vie ? Introduire plus de profondeur, de compréhension et de conscience, s'ouvrir à l'amour, ressentir la paix et la plénitude.

La spirale du bonheur met en lumière ce parcours qui s'accomplit en nous souvent à notre insu et dans des convulsions, des compulsions de répétition. D'où venons-nous, où allons-nous, quel est le sens ? Dans une relation qui s'approfondit, nous découvrons la richesse d'un sens qui se dévoile, le chemin, la quête, le graal. Aujourd'hui la spirale [1] agit sur moi comme un symbole, je n'ai qu'à l'évoquer et elle me parle, elle enrichit ma compréhension, elle dédramatise, elle remet les choses en place. Inlassablement aussi elle me ramène au centre tout en m'apprenant à tourner. Elle me fait comprendre qu'on peut être immobile et en mouvement, contemplatif et actif, que ce mariage des polarités est au cœur de la vie intérieure. La spirale m'apprend l'humilité de revenir sur les mêmes parcours avec la sensation que la régression fait partie de l'évolution, que la découverte entraîne un risque, une remise en question, que chaque fois que je gagne une chose, j'accepte aussi d'en perdre une autre.

Souvenez-vous de qui vous étiez il y a dix ans, quinze ans : le même et pourtant si différent. Quel est ce mystère ?

---

1. Voir *La Spirale du bonheur, op. cit.*

Est-il possible que la spirale de la vie et de l'évolution nous emmène dans son parcours vers une révélation ? Est-il possible que nous soyons ainsi en dépit de tout, de la maladie, la vieillesse, la mort, la perte des biens, sur un chemin magique d'accomplissement intérieur ? Est-il possible que le bonheur ne dépende pas de l'avoir mais de l'être ? Est-il possible d'attirer à soi le meilleur à partir de sa sagesse, de son discernement ? Je suis profondément convaincue que le karma, l'enchaînement des causes et des effets, se simplifie en même temps que l'on se simplifie à l'intérieur.

À la fois j'ai toujours su et je ne savais pas, je ne pouvais pas formuler clairement cette prescience. J'avais le choix de me comporter comme une victime accusatrice ou comme un créateur de sa vie. Cette notion – « Je suis le créateur de ma vie » – a été une formulation forte, décisive.

Une autre concerne la différence entre l'homme et la femme, le masculin et le féminin, et cette complétude qui appelle un troisième terme, un mariage, une unité. Aimer est ainsi une connaissance à la fois immédiate et progressivement acquise. L'âme est éternellement jeune.

Mon cerveau archaïque fonctionnera à jamais en parallèle avec mon cerveau logique et discursif. Ma folie et ma sagesse sont à jamais constitutives de mon moi et demandent à être éclairées par une perception globale venue du Soi.

Ce qui rend magique la vie, c'est l'impermanence du souffle de sagesse que nous inscrivons ensemble dans nos cellules et qu'il nous faut faire revivre goutte à goutte dans nos vies séparées.

J'ai construit un outil rationnel, mais je vous parle au creux de ma sensibilité, je me mets en jeu. Y a-t-il autre chose à faire que de jouir du pur plaisir d'exister ? Je n'ai pas peur de prononcer le mot bonheur. Je le suce comme un bonbon. Chaque instant est la bonne heure, l'heure juste qui sonne la plénitude. Plaçons-nous au centre de la roue, là où la vitesse dort sur place. Qu'est-ce que le Soi, cet endroit si nu qui me déclenche, au plus profond, un état d'être, une ronronnante présence ?

Il nous faut sortir au cours de notre histoire de vie de cette immédiateté, de cette totalité unifiée pour éprouver notre séparation, notre autonomie. Comment passer d'un fusionnel de première naissance au début du voyage de la roue de connaissance à un fusionnel de deuxième naissance par un parcours d'autonomie à la fin de cette même roue qui est en fait une spirale ? Tel est le voyage de l'incarnation.

### *L'état amoureux, ses illusions et ses déceptions*

Ce qui nous contraint à prendre conscience de cette histoire tient aux handicaps archaïques du fusionnel et à ses dérivés qui nous conduisent à subir les événements. Dès la naissance, l'équation est posée : ou j'accepte de naître à mon individualité, ou je meurs dans le ventre de ma mère qui ne peut pas me garder plus longtemps. Mourir étouffé ou avancer vers soi. Subir sa vie ou créer sa vie. Nous avons besoin de conserver la capacité de fusionner mais aussi de développer la capacité de nous éloigner sans succomber à la nostalgie de la perte, de la déception, du désenchantement. Quand je suis amoureux, je retrouve l'éden primitif, quand l'illusion cesse je commence à nourrir du ressentiment pour mon partenaire. Dans l'élan, notre éros est extraverti ; dans l'épreuve il s'introvertit.

Quand le conjoint se montre hostile ou indisponible, le cerveau archaïque déclenche une alarme : peur de la souffrance et de la mort.

La blessure initiale est en forme de creux ou de bosse, trop ou pas assez. La personne trop entourée tente de s'isoler ; celle qui a été sevrée, privée de tendresse, tente de fusionner. Souvent celle qui tente de s'isoler est attirée par celle qui tente de fusionner, et inversement. L'enfance est comme un réservoir de besoins inassouvis, de désirs insatisfaits dans l'affection, la progression et la protection.

À partir de nos blessures, nous constituons un « moi perdu » qui se persuade que « je ne suis pas capable ». Chacun s'invalide en fonction des messages reçus. Le « moi perdu » facilite une bonne adaptation sociale, permet d'être un bon garçon et une bonne fille. Par exemple : ne pas toucher son sexe, ne pas se promener nu, ne pas manifester son plaisir. Ainsi l'obéissance coûte la complétude.

Le « faux moi » sert à dissimuler le « moi perdu ». L'enfant qui réprime sa sexualité joue au dur. Le « moi désavoué » est constitué des traits négatifs que le « faux moi » ne peut admettre et qu'il projette volontiers sur les autres.

Nous cherchons quelqu'un qui nous fera oublier les souffrances de ces distorsions. Cet autre a souvent les traits positifs et négatifs de nos parents. Il en résulte qu'être amoureux c'est percevoir l'autre par la lorgnette polie d'un état unifié. Dès que je suis rattrapé par mon état fragmenté, je commence à douter.

L'état amoureux se caractérise par quatre aspects de base.

– la reconnaissance : j'ai l'impression de te connaître ;

– l'atemporalité : j'ai l'impression de te connaître depuis toujours ;

– la réunification : je me sens complet ;

– la nécessité : quand tu es là je ne me sens plus seul, je ne peux vivre sans toi.

Grâce à l'autre, chacun redécouvre son moi perdu. La répression semble prendre fin. Être amoureux équivaut au fait d'être l'enfant chéri d'une famille idéale. Chacun fait semblant d'être plus équilibré émotionnellement qu'il ne l'est.

Chacun est en grande partie amoureux par transfert et projection, ce qui revient à être amoureux de son propre reflet.

Lorsque l'illusion amoureuse se défait, les traits négatifs apparaissent. L'enfant blessé prend alors les commandes dans la relation. L'engagement lance souvent le programme de la lutte de pouvoir. L'enfant blessé réclame son dû : j'ai été gentil jusqu'à présent, qu'est-ce que je peux obtenir dans cette relation ? Les partenaires s'éloignent l'un de l'autre et comptent leurs points. Il y a désormais moins de temps consacré à l'amour et davantage à la télévision, aux amis ou à l'ordinateur. Ce que l'on appréciait chez l'autre commence à nous énerver.

La plupart des couples en conflit jouent la même scène, à quelques variantes près. Les mots « toujours » et « jamais » indiquent un état régressif. Deux facteurs fournissent des munitions dans la lutte : le conjoint suscite notre inquiétude en remuant des interdits, et il réveille de vieilles blessures en incarnant les traits négatifs de nos parents. Le moi désavoué est entré dans la danse.

Chacun éprouve le sentiment qu'il n'a pas changé, que l'autre a changé négativement et qu'il doit se transformer pour montrer son amour.

La lutte pour le pouvoir fait suite à la phase fusionnelle et illusoire.

Il y a trois sources de conflit :

– exercer un mécanisme de domination sur l'autre par pression ou retrait :

– jouer un mécanisme de soumission par peur et désir d'être aimé, approuvé ;

– éveiller les blessures d'enfance de l'autre en projetant sur lui des traits négatifs, critiques, dévalorisants.

Chacun est déçu par l'autre, chacun veut que l'autre change. Tout se passe comme si chaque partenaire en venait à croire qu'en faisant souffrir l'autre, il lui permettrait de se corriger. Chacun se conduit pour cela de manière aussi désagréable que possible. Chacun tait ses désirs et critique son partenaire qui ne devine pas ses désirs. La colère peut devenir violence conjugale. Choc, déni, colère, désespoir sont quatre aspects de cette lutte de pouvoir.

Deux individus sont en quête de leur entièreté et pensent que l'autre peut les aider à y parvenir. Chacun retient son amour en espérant attirer l'amour de l'autre.

Chacun en arrive à la conclusion que ce qu'il souhaiterait le plus obtenir, son conjoint est le moins à même de le lui donner et une question se pose : le couple est-il destiné à réparer ou à répéter les blessures d'enfance ?

### *L'échec programmé du couple égotique*

Les trois phases de la fusion, de la lutte de pouvoir et du conflit mettent en évidence la nécessité d'une compréhension. Que nous arrive-t-il ? Pourquoi en sommes-nous arrivés là ? Comment faire machine arrière, retrouver l'amour et cesser les agressions ? La bonne volonté est au rendez-vous de cette dégradation pernicieuse de la relation.

Lorsqu'un couple vient consulter, une lutte de pouvoir est déclarée. Les conflits deviennent plus fréquents et plus douloureux. L'idée d'une séparation irrémédiable fait peu à peu son chemin dans les esprits des deux partenaires devenus plus ennemis qu'amis. Le nouveau deuil consiste à comprendre que, malgré ses bonnes intentions, l'autre ne sait pas et ne désire pas répondre à mes besoins. Le conjoint se révèle incapable de donner ce que l'autre rêve le plus d'obtenir. La plupart des couples répètent la fracture d'enfance sans suffisamment la réparer. Les besoins contradictoires tournent autour de l'engagement et de l'autonomie. Chacun s'informe, échange avec des amis, lit des livres, consulte un psychothérapeute. Cette phase violente a besoin de mise en mots pour se désamorcer, pour se dédramatiser. Les explications introduisent de la distance dans les déchirures compulsives du combat narcissique. L'intervention d'un tiers, notamment d'un psychothérapeute, est souvent nécessaire. Encore doit-il veiller à ne pas être pris en otage, utilisé par l'un ou par l'autre pour tirer la couverture à soi.

À ce quatrième stade, les deux partenaires abordent un retournement qui peut se révéler positif, apprennent à se mettre en cause, à mieux se connaître et à mieux connaître l'autre. Les critiques qu'un conjoint vous adresse sont bonnes à prendre. Le premier réflexe face à une critique consiste à la rejeter et à accuser à son tour. On se trouve alors dans une relation blessé(e)-blessant(e) qui tourne sans fin et que le chiffre de l'infini symbolise magistralement. Il désigne d'ailleurs l'enfer du couple.

Le premier changement consiste à bloquer la boule d'ombre envoyée par l'autre et à l'examiner. Tu dis que je suis irresponsable : plutôt que de rejeter cette accusation, il est bon que je l'examine, que je la prenne en considération et que je te confirme cet état d'esprit. L'enfant blessé et immature a beaucoup de difficulté à adopter cette attitude d'ouverture mais l'adulte en nous peut comprendre qu'il est très libérateur de cesser d'avoir peur des critiques. D'ailleurs celles qu'on adresse à l'autre sont révélatrices de son propre moi désavoué et perdu.

Une conscience alertée modifie considérablement son comportement. Quand je m'entends qualifier l'autre négativement, je m'interroge sur le fait que je parle de moi sans le savoir. À ce stade, la construction d'une relation consciente demande :

– de cerner les conflits irrésolus des deux partenaires : que s'est-il passé dans mon enfance avec papa et maman qui me laisse des souvenirs cuisants ?

– de comprendre que l'autre n'est pas un sauveur mais un enfant blessé qui tente d'apaiser sa souffrance ;

– de faire connaître à l'autre ses besoins et ses désirs, de passer de la plainte à la demande claire – passer de : « Tu n'as jamais de temps pour moi » à « Je te propose un dîner en amoureux lundi soir » ;

– d'agir de manière constructive ;

– de donner de l'importance et de l'écoute aux désirs de l'autre ;

– de commencer à reconnaître ses propres ombres ;

– d'apprendre à donner des réponses à ses besoins plutôt que de manipuler l'autre, et d'avancer dans son autonomie ;

– de chercher à se compléter soi-même dans son androgynat intérieur et dans ses aptitudes manquantes ;

– d'apprendre à s'aimer soi-même, à aimer l'autre, à aimer la vie ;

– de créer son couple comme on crée une œuvre d'art.

Ainsi l'amour et la réalisation de soi sont d'abord l'histoire d'un échec, d'une déception. Tant que nous sommes dans l'attente que la solution vienne de l'extérieur, nous sommes dans un comportement infantile. Mais les possibilités de transformation existent pour chacun des deux partenaires et pour le couple.

*Chaque couple a un potentiel de guérison*

Le conflit vient de l'affrontement de besoins différents. Il existe au moins deux solutions. L'une consiste à être capable d'identifier ses besoins de repos, de nourriture, de distraction, de sexualité, d'intimité, de solitude, de liberté, et à tenter de savoir dans quelle mesure je peux y répondre de manière autonome. Ensuite, je peux m'efforcer de formuler de manière claire et constructive ce que je souhaiterais que nous réalisions ensemble. Je sors de la plainte de la victime et j'entre dans mon aspect créatif. Mes frustrations s'en trouveront dégonflées.

Au fur et à mesure que je suis en équilibre au moins à 50 % dans mes désirs, je suis en mesure d'éprouver de l'empathie, de l'amitié, de la considération, de la compassion. Or, en me dépassant ainsi, j'aide l'autre et je me guéris de blessures que parfois je ne soupçonnais pas. La plupart des conjoints éprouvent des besoins identiques derrière des attitudes et des formulations différentes. Ce qui est ouvertement reconnu par l'un est renié par l'autre. La libération de l'énergie constitue un objectif salutaire des relations amoureuses. Plus on quitte les réactions de défense pour instaurer des relations de croissance, plus l'autre devient un allié. L'exemple suivant va permettre de bien comprendre ce mécanisme fondamental dans le développement du couple.

Lui et Elle s'aiment passionnément et vivent ensemble. Pourtant ils viennent consulter parce que le ver est dans le fruit. Lui refuse de dormir avec Elle et fait chambre à part, Lui dit qu'il ne peut pas dormir avec qui que ce soit. Au début, Elle a accepté par amour pour Lui et en espérant que la situation évoluerait. Mais Elle la vit maintenant comme une frustration, un abandon, un manque d'amour. Leur harmonie bat de l'aile. Quand ils ont fait une liste de leurs désirs, le premier qui est apparu chez Elle c'est de partager une nuit par semaine avec Lui. Lui décide de dépasser ses craintes et de tenter l'expérience. Cette attitude de dépassement est en elle-même déjà un indice de transformation. Être capable de faire passer les besoins de l'autre en priorité ne serait-ce qu'une fois par semaine libère une énergie nouvelle. Le plaisir de donner, de faire plaisir s'installe aux côtés d'une écoute de ses propres besoins. Il ne s'agit pas de se sacrifier mais de s'ouvrir à une expérience différente.

Les premiers temps la nuit fut difficile puis Lui prit plaisir à cette chaleur partagée, à leur sexualité plus spontanée, plus ludique, à leur sommeil emmêlé. En fait cette expérience devenait une guérison de sa peur de l'intimité.

Cette histoire montre combien il peut être intéressant et salutaire de s'ouvrir aux perspectives de l'autre. Tous deux désiraient la même chose, une intimité heureuse, Elle la réclamait haut et fort, un peu trop même, Lui la reniait. Il est très intéressant de regarder ainsi un besoin qui pose question dans un couple. Il peut y avoir là une occasion de croissance.

Amis et amants, une amitié passionnée peut se développer entre l'homme et la femme aujourd'hui. C'est sans doute la plus belle fleur de notre civilisation. Au-delà de la lutte primitive pour le pouvoir, l'écoute de ses propres besoins et des besoins de l'autre trace un nouveau chemin d'alliance.

La spirale du bonheur représente un trajet d'évolution qui devient de plus en plus accessible par un retournement de conscience.

Une vie, une relation, un couple peuvent entrer dans une amélioration constante à condition d'apporter de la conscience, de la constance, une volonté éveillée, une conviction sans faille concernant la possibilité de faire fleurir l'amour en soi et autour de soi. Le message est optimiste et lucide. Il concerne la théorie et la pratique de ce que l'on pourrait appeler l'amour passionné.

Nous sommes un mélange d'archaïque et d'évolué, nous contenons tout cela en germe, rien n'est joué, et si vous lisez ceci, c'est que vous commencez à être bien informé. L'amour est une aventure au long cours, l'amour s'apprivoise. Deux êtres se rencontrent et changent.

L'extase et le bonheur de l'attirance n'épargnent pas les méandres de la découverte de soi et de l'autre. Comment construire en continu une union intime, heureuse et durable ?

Il n'y a pas de partenaire idéal, mais un itinéraire pour découvrir nos côtés d'ombre. Comment passer d'une rencontre inconsciente, d'une attirance fondée sur des conflits irrésolus remontant à l'enfance à une union consciente ? Comment passer d'une structure de fermeture à une structure d'ouverture ?

Comment sortir de trois illusions majeures : l'omniscience de l'autre – il connaîtrait tous nos désirs –, l'omnipotence de l'autre – il pourrait tout satisfaire –, l'omniprésence de l'autre – il serait disponible. Comment cesser de croire que l'autre, se révélant incapable d'assouvir nos désirs, devient méchant et devient un ennemi ?

Le renoncement aux illusions est un stade préalable au mariage conscient.

### *Vivre un couple conscient*

Pour aimer dans la durée il faut entrer aujourd'hui dans une pratique de conscience sous une forme ou sous une autre et modifier ses comportements « anciens ».

*Prises de conscience*

Ce qui est ouvertement reconnu chez l'un est souvent renié chez l'autre.

On critique chez son conjoint ce qu'on n'aime pas et qu'on renie chez soi.

L'amour de soi peut en partie répondre aux besoins inassouvis mais dans l'enfance nous avons extériorisé la source de notre salut et nous devons faire avec.

L'amour qu'on éprouve envers l'autre et qu'on manifeste guérit pour soi des blessures affectives dont on ne soupçonnait même pas l'existence.

*Repérer et modifier* les comportements de fuite (travail-sortie-mutisme-fatigue à répétition) qui excluent toute intimité et aboutissent à un divorce de comportement.

*Réinventer la romance* : commencer par définir chacun un certain nombre de gestes et d'attentions qui feraient plaisir à chacun. S'engager à en pratiquer au moins deux ou trois par semaine : du bouquet de fleurs à la caresse.

*Pratiquer l'écoute active* : la tactique du miroir – redire ce que l'autre vient de dire en le paraphrasant.

*Connaître et partager le positif et le négatif des relations de chacun à ses parents.*

*Faire l'exercice de la maison d'enfance* : s'imaginer très jeune passant d'une pièce à l'autre, rencontrant sa mère. Chacun regarde le positif et le négatif de cette femme, et dit tout ce qu'il n'a jamais pu dire. Ensuite chacun écoute l'autre, lui donne son attention sans interprétation. Chacun peut ainsi apercevoir les blessures affectives de l'autre. Faire de même avec le père.

Il faut comprendre que nous cherchons à être aimé et à aimer des personnes qui ressemblent en partie à nos parents, ce qui nous permet de fusionner sur un plan inconscient.

Si nous voulons non pas répéter la blessure d'enfance mais la guérir nous devons envisager de détecter et de dépasser nos limites. La fille d'un homme distant choisit comme conjoint un bourreau de travail. Cet homme retranché peut guérir sa propre froideur en acceptant, sur la demande de sa compagne, de devenir plus présent et plus aimant. Une demande concrète comme celle d'un massage ou d'une soirée de conversation constituera la première marche de cette ouverture.

*Critiques et désirs*

Identifier une critique, puis le désir derrière cette critique, dresser une liste de comportements qui satisfont ce désir.

La plupart des conjoints éprouvent des besoins identiques, mais ce qui est ouvertement reconnu chez l'un est renié chez l'autre.

Lorsque quelqu'un surmonte sa résistance, expérimente un changement, satisfait le besoin de l'autre, son inconscient interprète ce comportement affectueux comme dirigé vers lui-même.

Pour ne plus attendre de l'extérieur une guérison affective, nous devons canaliser de l'énergie vers le conjoint. La guérison psychologique et spirituelle opère alors en profondeur. Chacun découvre que l'amour qu'il éprouve envers l'autre guérit ses propres blessures affectives.

Faire la liste des besoins, des attentes.

Faire une demande précise et matérielle.

Nommer un défaut du conjoint et le reconnaître pour soi.

Expérimenter un dépassement, faire quelque chose qu'on n'a pas envie de faire spontanément. Retrouver ainsi une identité reniée.

Trouver une qualité à l'autre : retrouver ainsi une identité perdue.

Renoncer à faire quelque chose qu'on faisait pour se faire aimer, distinguer ainsi un « faux moi ».

LE NOUVEAU CODE AMOUREUX : SEPT ENGAGEMENTS

Un engagement à la connaissance de soi et une pratique de sérénité personnelle qui consiste à évoquer plusieurs fois par jour la plénitude de la conscience : je remplis la coupe de l'être et c'est là ma responsabilité personnelle, je ne peux impliquer personne si je déroge à cette règle.
Un engagement à pratiquer un retrait intérieur dans la relation de manière à ne pas m'identifier aux jugements et qualificatifs que l'autre peut employer à mon égard. C'est là aussi une responsabilité qui me concerne.
Un engagement à écouter mes propres besoins et à prendre le soin de les énoncer clairement à l'autre.
Un engagement à écouter les besoins de l'autre et à répondre au moins à l'un de ces besoins même si cela me demande un dépassement de mon terrain de jeu.
Un engagement à pratiquer avec l'autre un échange hebdomadaire d'au moins trente minutes au sujet des bonheurs et des blessures réciproques.
Un engagement à se donner du temps au moment où des dissensions surviennent.
Un engagement à faire au moins une fois par semaine une harmonisation sans parole par le toucher, la méditation, le chant ou toute autre pratique.

# Pratiques seul ou à deux

LA VISUALISATION DE L'AMOUR

Fermez les yeux, inspirez plusieurs fois et visualisez votre conjoint. Précisez cette image jusqu'à le voir comme un être spirituel. Imaginez que votre amour peut le guérir.

Visualisez cette même énergie aimante qui revient vers vous et qui guérit vos blessures.

Imaginez un va-et-vient de vous à lui ou elle.

L'ÉTREINTE DE FUSION

Elle consiste à se prendre dans les bras pleinement, sans réticence et sans connotation sexuelle, dans une totalité de présence sexe, cœur, tête. Pas de buste joint et de bassin tiré en arrière. Les deux corps et les deux personnes s'abandonnent l'une à l'autre et ne font plus qu'un. C'est une énergie d'unité et de ressourcement qui permet de sortir des limites de la personnalité et de juste ressentir combien il est régénérant d'échanger sur le rayon d'un amour personnel-impersonnel.

L'HARMONISATION À DEUX

*Position 1 :* Asseyez-vous l'un devant l'autre – les paumes se frôlent, les doigts reposent légèrement sur le poignet de l'autre. Observez votre souffle, les yeux fermés. Observez ce qui se passe dans votre tête, dans vos émotions.

Éventuellement une harmonisation peut se produire.

*Position 2 :* Chacun place son médium droit sur le centre du cœur du partenaire.

*Position 3 :* Chacun place le médium sur le troisième œil de l'autre.

*Position 4 :* Paume contre paume les deux partenaires fredonnent

*Position 5 :* Chacun touche délicatement différentes parties du corps du partenaire. Puis caresse l'aura.

*Position 6 :* Position emboîtée les jambes l'une sur l'autre et respiration circulaire.

Pendant cinq minutes, l'homme inspire par son cœur et expire par son fondement et son sexe pendant que la femme inspire par son fondement et son sexe, le fait monter et l'expire par son cœur.

Cinq minutes plus tard, on inverse. La femme expire par son sexe, l'homme inspire par son sexe, fait monter l'énergie du souffle dans son cœur, expire par son cœur, tandis que la femme inspire par son cœur, expire par son sexe.

*Position 7 :* Les deux partenaires se regardent dans les yeux et s'inclinent couronne contre couronne.

*Autre exercice :* Caressez votre partenaire de la tête aux pieds pour éveiller sa sensibilité. Il ou elle est couché(e) sur le ventre : dix minutes ; puis sur le dos : dix minutes. Puis, dix minutes de silence, et vous échangez les rôles.

L'HARMONISATION PERSONNELLE : POUR SE RECENTRER

Regardez-vous dans les yeux.

Regardez-vous seul dans un miroir cinq minutes. Puis laissez les yeux vous regarder dans le miroir.

Regardez une fleur pendant cinq minutes.

L'AMOUR DE SOI

J'inspire et j'expire trois fois en regardant les trois bougies que je viens d'allumer devant moi. Je touche ma main droite avec ma main gauche en y mettant tout mon amour. Je mets ma main gauche dans ma main droite, et elle reçoit de la droite tout mon amour.

Lorsque je souffre dans un endroit de mon corps, je pose mes mains avec amour, j'ouvre ma conscience. Je respire, je contribue à mon autoguérison.

Lorsque je me lave le visage le matin en conscience, je contribue à mon autoguérison.

Chaque jour, j'oriente ma pensée vers une pensée de gratitude pour tout ce dont je jouis, la santé, la beauté, la créativité, l'amour.

Chaque jour, je me guéris en orientant ma pensée vers la joie. Chaque jour, je me guéris des souffrances que je m'inflige par mon mental occupé et suroccupé.

Quand l'agitation et la tension me rejoignent, j'inspire et j'expire. J'inspire et je visualise les pétales de ma fleur intérieure.

Quand je suis envahi de colère et de tristesse, j'inspire jusque dans mon ventre, jusque dans mon fondement, je ressens de la stabilité et de la vie, je descends jusque dans le sol et je visualise que je m'enracine. Je cesse de m'identifier à mes émotions, je suis passé du siège arrière au siège avant, je ne subis plus, je pilote mon état d'être.

« Je suis comme je décide d'être », je limite mes projets et je les accomplis dans la sérénité.

J'arrête de courir derrière l'avenir, je respire et je deviens ce qu'il y a de meilleur en moi.

### UN ART DE VIVRE ENSEMBLE

La pleine conscience de l'instant peut-elle aider à dissoudre les concrétions négatives que représentent les luttes d'ego, les projections positives ou négatives, les colères rentrées, les déceptions ? Comment contribuer à faire fleurir l'autre et soi-même, plutôt que de remuer les détritus du passé ? Comment accepter l'autre tel qu'il est et non tel que je voudrais qu'il soit ? Comment ne pas céder à l'irritation quand on se sent blessé, comment ne pas blesser l'autre en retour ? Comment accepter en silence ou éventuellement reformuler un reproche qui vous est proposé ? Comment oser le recevoir et l'examiner plutôt que de le rejeter ?

L'exercice de l'instant consiste à retenir les chevaux de ses émotions, à faire en sorte que le cocher reste sous les ordres du Soi, du maître intérieur.

Une petite cérémonie pourrait être pratiquée pendant une demi-heure par un couple qui se retrouve. Les deux partenaires s'assoient l'un en face de l'autre. Un objet réservé à cet usage sert de bâton de parole. Chaque mot prononcé doit l'être en conscience. Chacun prendra la parole à tour de rôle en trois parties :

– la première partie consiste à exprimer du positif venu de la journée, des relations et de la relation du couple. La personne ne peut en aucun cas être interrompue. Son partenaire l'écoute profondément ;

– dans la deuxième partie, la même personne exprime les moments où elle a pu blesser quelqu'un et ses regrets éventuels ;

– dans la troisième partie, elle révèle ce qui l'a blessé.

L'écoute se doit d'être active et sans jugement : même si ce qui est dit soulève des vagues intérieures chez le partenaire, celui-ci doit rester muet et respirer. Si quelque chose doit être éclairci, ce sera dans quelques jours et dans le cadre préfixé d'un entretien accepté par les deux partenaires. D'ici là l'émotionnel aura eu le temps de s'évacuer chez l'un ou l'autre ou les deux. Si ce n'est pas le cas il faudra faire alterner méditation et parole. L'échange se clôt par une étreinte de fusion.

## *Le troisième sexe existe-t-il ?*

Et qui donc a entièrement compris
à quel point l'homme et la femme
sont étrangers l'un à l'autre ?

Le troisième sexe n'existe pas.

« Naviguer dans les eaux agitées », tel est le titre du chapitre dans lequel Osho commente les paroles de Jésus rapportées par Thomas dans les Évangiles apocryphes, sur la femme devenant mâle. Il s'agit d'un sujet difficile, contesté, que tout le monde vit mais qui a peu de mots.

Dans une conception spiritualiste, le troisième sexe serait composé d'hommes et de femmes vivant dans l'être et ayant repoussé au second plan leur incarnation sexuée. Ils seraient les candidats privilégiés à la sérénité. Mais la réalité d'un androgynat complexe bouscule ces certitudes. Notre époque est novatrice par l'évolution collective des hommes et des femmes, du masculin et du féminin. Un double androgyne s'incarne, masculin-féminin, féminin-masculin, et il délivre les messages d'une gourmande sérénité.

*Sommes-nous de futurs androgynes ?*

Hommes et femmes, nous avançons vers une éclosion qui ne s'est pas encore manifestée à grande échelle dans les différentes civilisations qui ont fleuri sur la planète. L'androgyne a hanté les espoirs du passé, et aujourd'hui il nous bouscule, nous trouble dans notre quête d'identité et dans nos conceptions de couple.

Une femme androgyne ne ressemble pas à un homme androgyne et aucun des deux ne forme un troisième sexe.

Une femme androgyne n'est pas une femme qui ressemble à un homme, on peut même considérer que sa féminité s'en trouve comme magnifiée de l'intérieur.

Il en est de même pour un homme. Sa sensibilité ne le féminise plus au sens négatif du terme, au contraire elle sublime sa virilité.

Cet homme androgyne et cette femme androgyne ne sont pas parfaits, mais on pourrait les considérer comme des mutants par rapport au modèle traditionnel.

Ces mutants c'est vous, c'est moi et les règles du jeu des relations ne sont plus les mêmes, les besoins non plus.

Solitude heureuse est le maître mot et il s'accompagne d'autres formules paradoxales comme sérénité gourmande, douceur violente, force tranquille, vigilance détendue. L'androgyne est celui qui est capable de dépasser la dualité.

La femme solaire dans sa transformation reste lunaire dans sa réceptivité de base et son sexe en creux. L'homme lunaire dans sa transformation reste solaire dans son sexe pénétrant et actif.

Quand un homme et une femme sont au moins à cinquante pour cent engagés dans cette mutation, ils rencontrent de nouvelles capacités de réalisation et de nouveaux pièges. Leur sexualité est différente, leur demande de rencontre est profondément modifiée et ne repose plus sur le besoin hurlant d'exister par l'autre et contre lui. L'affirmation égotique ne fonctionne plus de la même manière. Le cœur demande à s'ouvrir et l'âme vibre.

Le combat des ego se transforme dans une recherche de l'alter ego : j'ai encore peur que tu me détruises, mais déjà je sais que je suis assez fort(e) pour résister à des assauts déloyaux.

Comment fonctionne un homme qui est déjà en contact à cinquante pour cent avec son anima ?

Comment fonctionne une femme qui est déjà à cinquante pour cent en contact avec son animus ?

Tout dépend de la manière dont l'un et l'autre ont maîtrisé l'aspect négatif de ce complémentaire intérieur.

Dans quelle mesure vivent-ils une forme d'harmonie intérieure entre le masculin et le féminin ? Quel est l'état de leur mariage intérieur ?

Quand deux personnes se rencontrent, elles apportent bien souvent dans la relation les éléments de leurs contradictions et de leur guerre intérieure. Quand deux personnes ont déjà pacifié leur couple intérieur, elles apportent dans la rencontre une luminosité individuelle qui facilite le frottement des différences.

Si je m'abandonne à une relation fusionnelle avec toi, j'ai souvent peur de me dissoudre, je t'aime et je me défends d'aimer. Très vite les besoins de la différenciation l'emportent sur les besoins de la fusion amoureuse. Si je suis solidement planté dans mon couple intérieur, je peux m'abandonner avec moins de peur à cette fusion amoureuse qui nous comble mutuellement.

En chaque partenaire, le réceptif et l'actif jouent une danse qui permet de dépasser les écueils du dominant-dominé.

Et pourtant un écueil guette ces mutants. Le relationnel est si labile, si mouvant, il retourne si facilement aux remous conflictuels, aux blessures égotiques, que chacun se trouve tenté de s'isoler dans une autarcie qui ne menace plus une paix si chèrement gagnée.

Beaucoup de personnes qui ont fait un chemin de connaissance de soi se reconnaîtront dans cette description. Ils ont divorcé, se sont séparés, une fois, deux fois, ils ont voulu comprendre, panser leurs blessures, ils se sont intéressés à leur histoire, ils ont appris à aimer qui ils sont, ils ont appris à distinguer le langage de l'ego et celui du partage, de l'ouverture du cœur.

Aujourd'hui ils sont paisibles, solides, ils se sentent prêts à une nouvelle rencontre mais ils la repoussent indéfiniment, un an, deux ans, trois ans... Ils s'enferment, ils ont peur et n'osent se l'avouer. Cette fermeture se double d'un mensonge personnel.

Il est prévisible qu'à la prochaine histoire, ils régresseront encore et encore. Ce nouvel état intérieur ne suffira pas pour les maintenir au-dessus de la mêlée. Les cinquante pour cent ou moins qui leur restent à travailler ne manqueront pas de venir les chercher et de les confronter à nouveau à leurs blessures anciennes. Une bonne nouvelle cependant. Leurs acquis précédents leur permettront de ne pas se prendre au sérieux aussi longtemps dans les luttes égotiques. Ils nageront dans l'eau boueuse de leur désamour mais retourneront plus vite à l'oasis d'une harmonie.

Nous sommes dans une spiritualité collective qui travaille encore à détruire le corps, à nier la vie, à discréditer le réel. L'androgyne est touché par ce rayon spirituel et il se tourne vers les formes de religiosité traditionnelles pour leur demander de nourrir sa flamme intérieure. Il y a là un piège, un écueil. L'éclosion de l'être que nous connaissons, que nous découvrons ne correspond ni à un idéalisme philosophique ou religieux tel qu'il est défendu et professé dans les universités, ni à un matérialisme défendu par certains philosophes contemporains. Les pratiquants d'une aventure de conscience pragmatique n'ont pas à s'en laisser compter par des théoriciens, aussi habiles, aussi brillants intellectuellement soient-ils. Laissons ces leurres aux journaux féminins qui se nourrissent de l'intelligence masculine et en font des accessoires de luxe ou aux hebdomadaires masculins qui font semblant de maîtriser la situation par des analyses. Ceux qui sont en pleine expérimentation et découverte et qui ont le courage de passer par leur corps, de ne pas s'en tenir aux méandres de la tête, se méfient des théories. Allons-nous découvrir un troisième -isme ou abandonner définitivement les -ismes ? Les deux peut-être.

Ne serait-il pas exaltant de découvrir, d'accepter, de formuler, que sur le plan collectif, du moins en Occident, l'ère de l'androgyne a sonné, qu'il inspire désormais un nouvel homme, une nouvelle femme qui peuvent encore tomber dans de nombreux panneaux mais qui ont quand même une boussole ? Un drôle de peuple en marche qui s'appuie sur la notion de fratrie plus que sur la notion de patrie.

## *Un nouveau masculin, un nouveau féminin*

Comment nourrir cette aspiration spirituelle toute nouvelle elle aussi qui ne se préoccupe ni de croyances, ni de rituels, ni d'église, ni de prêtres, ni de pouvoir.

Derrière le mot méditation, il y a bien des leurres aussi. Une méditation peut se confondre avec une remise en question de soi, un examen de conscience qui revient à creuser un sentiment de culpabilité. Elle laisse alors le champ libre au déploiement d'un critique intérieur virulent qu'il faudrait justement apprendre à juguler. Comment ne pas tomber dans l'irrationnel de certaines pratiques, comment ne pas laisser se réinstaller l'idée d'un destin tout tracé ? Comment ne pas confondre les surprises de l'inconscient et celles qui appartiendraient à une intervention extérieure ?

Comment rester fidèle à la conscience ?

Le troisième sexe n'existe pas. Ce qui existe, c'est, dans le genre homme, un homme muté, qui a tourné sur la roue de transformation, qui est sorti des archaïsmes de comportement du fusionnel, du dominant-dominé et du conflit. Sa volonté créatrice a pris le contrôle sur ses pulsions d'origine, sa violence de survie, son versant exploiteur et tueur, sa fascination et sa peur des femmes. Développant désormais l'observateur témoin, il laisse avancer vers lui la douceur inconnue de son âme féminine. Une nouvelle virilité se dessine.

Imaginons un homme qui tient une épée pour se défendre, c'est un guerrier, et déjà son père était un guerrier, et son grand-père aussi, et son arrière-grand-père. Il est formaté à devenir un dur, pour répondre à l'idéologie du héros. Cette épée est lourde symboliquement et parfois il n'a pas trop de ses deux mains pour la tenir.

Et voilà que la femme qui est en face de lui, son amante, sa compagne, sa sœur, sa mère, ouvre les mains et accepte, désire même prendre cette épée dans ses mains, et lui tend en retour la coupe de vie qu'elle tenait jusqu'alors. Pendant un certain temps l'homme s'imprègne de cette coupe de douceur ineffable et la femme sent son cœur se gonfler de virilité, de force sauvage et ardente, tranquille et puissante. En elle se marient la douceur qu'elle était et la force qu'elle découvre. En lui se marie la force qu'il était et la douceur qui le rejoint.

À nouveau ils échangent leurs polarités. La coupe revient en direction de la femme et l'épée en direction de l'homme, mais ce n'est plus la même coupe ni la même épée. Le masculin et le féminin se sont enrichis réciproquement par leurs passages en l'homme et la femme.

Tel est le sens de l'androgynat pour chacun d'entre nous. En intégrant la polarité de l'autre nous la transformons et nous permettons aussi qu'elle se modifie pour l'autre. Nos deux inspirations se fécondent réciproquement.

Nous ne savons pas bien parler de tout cela aujourd'hui. Cette transformation est comme une nébuleuse. Mais elle est agissante en chacun de nous, elle nous cherche et nous la cherchons. Ce qui existe c'est une femme transformée qui balance entre les codes d'hier et ceux qu'elle se donne le droit d'inventer. Et ce sont peut-être les journaux féminins qui sont paradoxalement le théâtre le plus criant de ces luttes de valeur. La femme objet est toujours là, magnifiée dans des raffinements de mode et de luxe, et la femme-mère combattante et généreuse des causes à défendre et la femme de pouvoir qui émerge et montre ses qualités, et la femme aventurière, la femme-artiste. Une âme douce et virile palpite derrière les apparences, une conscience s'affine. Des traces de soumission pèsent sur les comportements de la femme mariée et de la mère, elles agissent aussi souterrainement dans le manque de confiance en soi et l'autoaccusation qui caractérise la vie intérieure de toutes les femmes.

Nous manquons de modèles et de références. Celles qui s'en sortent le mieux sont celles qui ont décidé intérieurement de faire confiance à ce qu'elles ressentent. Elles ne s'enrôlent pas sous la bannière d'une forme de pensée, elles n'ont pas de chef, elles sont à elles-mêmes leur propre maître et créatrices de leur vie. Elles avancent non pas la tête courbée sous le poids de tâches qui les légitiment et leur donnent bonne conscience, elles avancent tête haute, le regard large sur l'horizon sans oublier de garder conscience de leurs pieds.

Ne nous y trompons pas. Le plus difficile, c'est d'avoir cette conscience vers le haut et vers le bas sans oublier le centre.

La déesse égyptienne Nut nous donne un symbole riche de sens en tant que représentation du féminin. Elle a un caractère tellurique mais aussi un aspect céleste. On la nomme « celle qui se courbe », et en effet elle courbe son corps nu, elle touche la terre avec le bout des doigts, les jambes et les bras sont comme les piliers de son corps placé à l'horizontale. Dans cette posture, elle est le ciel et sous elle est couché Seb en érection. Et Nut va s'abaisser sur le dieu couché pour une union sacrée, un hiérosgamos. La position dominante de la déesse affirme la prépondérance du principe féminin et on retrouve la même posture dans des fresques de Sumer. Par contre, dans l'islam, on butera sur la sentence : « Que soit maudit celui qui fait de la femme le ciel et de l'homme la terre. »

Au-delà de ces distributions de pouvoir, et de cette confiscation des rôles, c'est à l'étreinte sexuelle du tantrisme qu'on aura recours pour une compréhension plus profonde. Shiva entre dans une immobilité royale qui est l'expression de sa nouvelle virilité, il n'agit pas, il éveille le dynamisme de la Shakti, il l'accueille dans son mouvement. Cette immobilité a quelque chose d'actif et l'activité de la femme a un aspect réceptif. Ainsi se trouvent dépassées la dualité de l'actif et du réceptif et l'attribution physiologique de l'actif à l'homme, du réceptif à la femme. Déjà, sur le plan psychique, dans la séduction, la femme peut être activement passive par l'attirance magnétique qu'elle dégage et l'homme passivement actif parce qu'il subit une attraction.

La sérénité de l'androgyne solaire-lunaire ou lunaire-solaire n'a jamais été vécue par les hommes et les femmes plus ou moins colorés de masculin et de féminin dans une lutte intérieure sans harmonie. Longtemps la guerre des sexes s'est rejouée à l'intérieur de ceux et celles qui vivaient l'affrontement des deux principes. On ne peut pas dire que cette guerre des sexes soit terminée ni au-dehors, ni au-dedans mais elle commence à s'éloigner. Nos configurations sociales semblent permettre de prophétiser une refonte des genres, masculin et féminin.

Le masculin tempère son aspect pénétrant et guerrier, en s'incarnant dans le corps de la femme il se modère, s'humanise, s'identifie moins à la force et davantage à l'humour, à l'intelligence, à la créativité, à la souplesse, et même à l'accueil et la réceptivité. Son côté négatif, violent, destructeur, impatient, intolérant et intransigeant s'efface.

Le féminin vécu par l'homme se défait de sa passivité, de ses méandres, de son infériorité millénaire, il retrouve son pouvoir d'intuition, une confiance en sa valeur, une possibilité d'écoute et de synthèse. Ses aspects plaintifs, impuissants, rusés et manipulateurs, dévoreurs et destructeurs se civilisent.

Le négatif du masculin entretient le négatif du féminin et vice versa. Le couple infernal homme dominant-femme soumise représente un arrêt d'évolution, une sorte de couvercle mis sur un mariage énergétique souhaité de toute éternité. L'homme et la femme sont des êtres biologiquement différents et culturellement opposés.

Il a fallu un choc de culture pour que cette opposition commence à perdre du terrain. Les femmes se sont mises à travailler et le champ d'une activité, d'une créativité s'est ouvert à elles. Il ne cesse de s'agrandir et les femmes accèdent maintenant à des postes de responsabilité, à une gestion des pouvoirs. Ce mixage des rôles a une portée initiatique. L'homme et la femme sont invités chacun à devenir plus complets, et à faire alliance entre eux. À l'intérieur d'eux, le masculin apprend à respecter et à véritablement aimer le féminin et vice versa. Il ne s'agit pas d'un vœu pieux mais d'une transformation amorcée dans notre monde contemporain.

L'homme et la femme sont toujours aussi différents, mais ils ont moins peur l'un de l'autre, ils sont plus solides sur leur base. Ils sont toujours aussi curieux l'un de l'autre, aussi magnétiquement attirés. L'homme développe un utérus psychologique et la femme un phallus psychologique, ils se comprennent mieux.

Sur le plan planétaire, nous sommes loin encore d'avoir réalisé cette transformation. Nous ne faisons que l'amorcer dans les pays occidentaux. Les religions sont des obstacles parce qu'elles ont été créées par des hommes et qu'elles tentent d'exclure les femmes.

Cet androgynat intérieur se constitue progressivement et comporte bien des errances. Il ne constitue pas la solution magique au développement personnel du couple. L'ego peut encore se cristalliser avec un masculin trop développé chez une femme ou un féminin trop envahissant chez un homme. Notons aussi que ces deux déséquilibres s'attirent particulièrement et reproduisent une relation dominé-dominant inversée.

Une femme qui évolue peut aimer à vingt ans un homme doux et féminin et à trente un homme macho, ancien modèle, alors qu'à quarante ans un homme androgyne apparaîtra dans sa vie. Le même schéma se dessine pour un homme dans ses couples successifs. Tout se passe comme si nous passions d'un pôle à un autre, d'un visage à un autre, en cherchant toujours plus de conscience. Dans quelle mesure nos changements de relation, nos infidélités ne sont-elles pas des pulsions de transformation ? La question mérite d'être posée.

Jésus dit :
« Voici que je la guiderai afin de la faire mâle
Pour qu'elle soit, elle aussi, un esprit vivant,
Semblable à vous les mâles
Car toute femme qui se fera mâle entrera dans le Royaume des Cieux[1]. »

Cette phrase célèbre a été différemment commentée. Certains ont tenté d'y lire une suprématie de l'homme sur la femme. Pour d'autres, dans cette révélation prophétique, il manque une moitié du message : l'homme deviendra femme. Enfin, on peut envisager qu'il s'agit pour l'homme comme pour la femme de sortir d'une définition sexuée, de devenir un être.

La spiritualité traditionnelle imprègne le conscient et l'inconscient collectif dans cette direction. Il s'agit d'effacer le sexe, source de coupure avec l'esprit et l'âme, ce qui revient aussi à renoncer à la terre au profit de la lumière. Les vieilles oppositions, les vieilles dualités refont surface. Même Osho, dans son commentaire de l'Évangile de Thomas, bien que porte-parole du tantrisme, privilégie l'être asexué en fin de parcours.

Pourtant un corps de femme reste un corps de femme et, à moins d'adopter un point de vue masculin, une femme qui pense avec son ventre autant qu'avec sa tête ne peut pas accepter de renoncer à la valeur du corps et de l'incarnation.

Avancer dans la réalisation de soi-même ne signifie pas se couper en deux. Il est temps de se demander s'il ne s'agit pas de tout garder. Le masculin, le féminin, un

1. Évangile de Thomas, 114.

troisième terme masculin-féminin pour l'homme, féminin-masculin pour la femme. La personnalité se promène dans ces trois possibilités et les adopte tour à tour dans ses comportements. Le Soi qui se révèle avec le troisième terme apporte la force de son inspiration. La personnalité passe sous le contrôle du Soi et joue de manière toujours plus positive. La spirale du bonheur s'enclenche. L'importance du mental diminue chez l'homme comme chez la femme.

À partir de quand la personnalité est-elle au service du Soi ? Le Soi est-il une valeur de dématérialisation ?

### *Une redéfinition des comportements et des rôles*

L'animus de la femme met celle-ci en contact avec la force, et parfois la violence contenue dans la compulsion de pénétration. Elle est en quelque sorte chargée de faire passer cette force du négatif au positif. L'anima de l'homme lui permet de connaître intimement le redoutable plaintif récriminant qu'il y a dans l'attente et la demande. Il lui appartient de jouer sa mutation.

La transformation de l'un et de l'autre passe par ce secours mutuel. Quand on regarde les relations homme femme à la lumière de cette compréhension on détecte des indices passionnants. On cesse d'évaluer les comportements en terme de guerre de sexe.

Dire aujourd'hui que la femme est en train de prendre le pouvoir et d'en déposséder l'homme, c'est poser un regard superficiel dans le droit-fil du patriarcat. Il est certain que nous n'en sortirons pas de sitôt si nous restons dans une logique de revanche et d'opposition. L'émergence des femmes n'en est qu'à ses débuts et elle entraîne dans son sillage la transformation du masculin et du féminin. Si notre vision s'arrête au combat, nous retardons l'évolution.

Les femmes dites de pouvoir n'en sont pas vraiment au sens où on l'entend dans la conception patriarcale. La plupart ont des états d'âme. Elles jouissent certes du plaisir d'exercer un ascendant, le pouvoir parfois leur va bien, et d'autant plus si elles restent en contact avec leur éros, si elles rayonnent.

Dans un premier temps les hommes qui les entourent et qui sont éventuellement sous leurs ordres se sentent transportés d'enthousiasme par ce qu'elles représentent. Ils retrouvent en partie la fascination du fils-amant pour la Déesse archaïque, Déesse-mère source de jubilation. Leur éros est nourri en profondeur, comme ils ne l'avaient jamais été par la femme captée et soumise.

Dans un deuxième temps, si elle exerce son pouvoir sur le modèle patriarcal, de façon coupante, l'homme se sent affaibli et castré ; soit il déprime, soit il s'éloigne. La relation régresse dans une forme de combat. La révolte plus ou moins larvée ou ouverte de l'homme déclenche la tyrannie de la femme. L'alliance s'éloigne. Tous deux souffrent mais la femme qui est restée proche de son corps se met en cause, cherche la mutation de ce masculin coupant en un masculin aimant. Quand Osiris connaît les enfers du démembrement par l'ombre, Isis est secourable, elle l'aide à retrouver ses morceaux et notamment son pénis. Elle est l'inverse de la Déesse castratrice des temps premiers, elle a évolué, elle est devenue la sœur-mère-amante. Si nous ne nous servons pas d'une vision éclairée, nous allons errer encore de longues décennies dans un combat entre l'homme et la femme. La formulation, la compréhension du passage peut nous aider sur les plans conscient et inconscient.

Quelque chose se joue, de fondamental pour notre organisation sociale.

En ce moment même la France connaît une situation paradoxale et a assisté en direct à la mise en scène de ce passage. François Hollande à la tête du parti socialiste s'est vu amené par l'émergence de sa compagne à passer en dessous d'elle et à la porter à la tête du pays. Il en est de même pour ceux qu'on appelle les « éléphants » du parti. Tous ces hommes de talent et d'intelligence, qui sont des chefs de clan, ont été poussés par les circonstances à choisir comme porte-parole et chef une femme. Dans quelle mesure leurs inconscients étaient-ils d'accord ? Leur ombre, sous la forme de jalousie, de rancœur, de comparaison intellectuelle, n'a pas manqué de surgir, plus ou moins refoulée. La décision mentale de soutenir cette candidate au nom d'un idéal de parti ne peut pas fonctionner réellement sur le temps.

L'image de Ségolène Royal en tant que femme s'est trouvée créditée par l'image inconsciente de la mère nourricière du patriarcat, et dans une couche plus ancienne par le prestige de la Déesse désignée comme mâle et femelle, porteuse du divin. Mais, toujours en tant que femme, elle a été débitée par l'image négative d'Ève et de Pandore, ces femmes qui ont attiré les maux et la chute ; elle a été pénalisée aussi par le rôle d'éternelle seconde qui lui vient à la fois de l'Église, la servante du Seigneur, et du patriarcat, la femme soumise et possédée comme reproductrice. Il faut compter aussi sur la jalousie millénaire des femmes entre elles qui font qu'elles sont les premières à fortifier le pouvoir masculin au détriment du pouvoir féminin. Elles n'ont pas confiance en elles-mêmes et entre elles. Plus fondamentalement, la fille redoute le pouvoir de la grande Mère. Combien y a-t-il de femmes aujourd'hui capables de faire confiance à une femme ?

Dans quelle mesure aussi la candidate était-elle prête pour tenir un rôle dont la définition a longtemps été masculine ? Sa défaite à l'élection présidentielle s'est jouée moins sur sa compétence supposée que sur d'autres ressorts reliés au poids des mythes. Même si la vieille politique lasse ses spectateurs, la force du mental et de ses déploiements logiques est bien présente.

Sarkozy parle bien, Sarkozy a convaincu et rassuré, il s'est présenté comme un sauveur et un père de la nation. Il s'est longtemps comporté comme un fils de Chaban ou de Chirac. Il est père biologique, il est père de sa commune. Aura-t-il la stature d'un père de la nation ? Il a su rassembler et séduire au-delà de sa classe politique.

Son point faible, c'est la femme qui le fascine, le domine, la sienne et peut-être d'autres, et peut-être Ségolène. Malgré son côté implacable et tueur, ses velléités de petit tyran, il n'a pas éteint le féminin en lui comme peut le faire un guerrier. Il n'a pas non plus développé son anima de manière à en faire son alliée. Face à Ségolène, déesse-mère, Nicolas pourrait être un fils-amant, s'il n'était avant tout un guerrier.

Sur le plan d'une logique défensive basée sur la peur, Sarkozy s'est montré plus construit. Sur le plan d'une parole innovante, inspirée et directe, Ségolène a marqué des points. Sarkozy s'est appliqué à un sans-faute dans le monde politique, il a réduit peu à peu les différends, c'est un grand joueur : « Je les niquerai tous. » Ségolène a semblé s'intéresser aux gens et à la vie, croire aux réponses justes d'une conscience ouverte. L'écueil de Sarkozy a consisté à copier de vieux modèles en les adaptant à sa personnalité et à son ambition. Quoi qu'il fasse, ses comportements et ses promesses sentaient la manipulation. Beaucoup de gens sont habitués à ces méthodes et les ont laissées passer au nom de l'ordre à maintenir. D'autres voulaient du changement jusque dans le style et ressentaient qu'un renouveau du monde politique était possible avec Ségolène. Elle promettait de donner un grand coup de pied dans la fourmilière. Elle risquait aussi de déstabiliser, et tous n'étaient pas prêts à prendre ce risque.

En réalité l'un et l'autre appartiennent à une nouvelle génération, à une autre culture, et l'ordre ancien se sent menacé, mais l'un et l'autre sont en un certain sens plutôt fils et fille que père et mère. Ne paraissaient-ils pas trop légers pour la fonction ? Il faut espérer que celle-ci donnera le poids nécessaire au gagnant actuel Sarkozy.

Dans quelle mesure Nicolas Sarkozy et Ségolène Royal sont-ils authentiques dans leur promesse de dévouement à un pays ? Quelle part égotique ont-ils à servir en eux sur les plans conscient ou inconscient ? Quelle part de dépassement est à l'œuvre et leur donne accès à un déploiement plus universel ? À ces questions il faut espérer que les candidats politiques auront un jour à répondre. Tout comme l'union actuelle entre deux personnes ne devrait pas se faire sans un certain éclaircissement des attentes venues du passé, l'union d'une personne et d'un pays demanderait un peu d'éclairage. On ne peut pas sous-estimer les questions d'éthique que soulève une telle évaluation. On peut imaginer un comité d'experts indépendants qui serait chargé d'éclairer le candidat sur lui-même sans qu'il ait à rendre public cet entretien. Il lui appartiendrait de prendre ce qu'il veut de cette consultation et de témoigner de ce qu'il jugerait nécessaire. Sorte d'autoévaluation, d'autoanalyse.

Dans l'état actuel de la société l'une représentait une figure d'émergence et de futur, l'autre une réplique modernisée du passé. Le pays a-t-il besoin d'une politique de droite, d'une politique de gauche, d'un homme, d'une femme ? En terme d'images du masculin et du féminin, c'est le masculin qui l'a emporté avec ce qu'il comportait de conservateur et d'inachevé dans son évolution. Traditionnellement, sur le corps humain, la gauche représente le féminin, la droite le masculin :

amusant parallèle. Mais on peut se demander si un pays n'a pas besoin plus d'un couple que d'un seul partenaire, si un pays n'a pas besoin d'être dirigé par quelqu'un qui a déjà réalisé en partie son androgyne intérieur.

La féminité de Ségolène Royal éclatait sur les écrans de télévision, les photos de journaux. Cet éros, elle en nourrissait les sensibilités au quotidien. Elle unissait le charme à l'intelligence, entre Vénus et Athéna. Les yeux des candidats n'incarnaient pas la même façon d'être présents à eux-mêmes. Sarkozy vivait comme en avant de lui-même, il courait après quelque chose qui s'appelle la réussite, la reconnaissance, la soif de pouvoir, la soif de l'âme. Ségolène était rafraîchissante parce qu'elle avait moins soif. Elle semblait déjà éblouie et parfois comblée d'être là où elle se trouvait. Sa qualité de présence en était meilleure.

La présence, la générosité, la cohérence entre ce qui se dit et ce qui se fait sont des facteurs impalpables qui se sont joués tout au long de la campagne. Dans quelle mesure l'animus de la candidate se met-il en harmonie avec son féminin ? Dans quelle mesure l'anima du candidat est-elle aimante pour l'homme qu'il est ? L'un et l'autre ont sans doute des progrès à faire dans cette harmonie du mariage intérieur.

### *Juste quelqu'un de bien*

Quel est l'être de solitude qui respire derrière ces aspects de la personnalité ? L'être nu, transparent, sans ses idéologies de recouvrement, sans ses compensations névrotiques. Sommes-nous capables de détecter cette résonance en l'autre et de vibrer avec lui ? Nous ne sommes pas habitués à en tenir compte, nous sommes souvent les jouets des apparences. Pourtant cette dimension est toujours là, silencieuse, immobile, heureuse de la lenteur, bien aimée de la lumière. Nous pourrions espérer un gouvernant qui sache s'isoler chaque jour, se relaxer, méditer, consacrer du temps au vide rayonnant, un amoureux de sérénité, capable de transporter au sein même de l'action un calme profond.

« Avoir mais continuer à être sans succomber à la tyrannie d'un vouloir qui lui échappe », telle est l'attitude du sage selon Nietzsche.

Il ne s'agit ni de demander ni de se demander l'absolu mais d'incarner un 50 % de sagesse qui permette d'améliorer sa vie et celle de son entourage en tenant compte de critères immédiats et de critères d'environnement, servir le présent et préserver l'avenir. Servir la vie et non pas la mort, enfants d'Éros et non de Thanatos.

Dans quelle mesure le citoyen a-t-il à tenir compte du sexe d'un candidat ? Peut-on supposer qu'une femme qui a donné la vie, a prodigué des soins à ses enfants a davantage le sens de la vie qu'un homme absorbé par le côté plus mental ? Un homme serait-il plus apte à réagir aux attaques, plus compétent dans la défense ? Ce serait compter sans le mixage des genres qui travaille notre époque. La sensibilité des hommes se développe, les fils se construisent sur l'animus de leur mère autant que sur le masculin de leur père. Malgré la différence hormonale, la préférence politique n'a sans doute pas lieu d'être parce que l'influence culturelle détermine l'équilibre qui se joue dans une personnalité entre le masculin et le féminin. Quel que soit le sexe, il s'agit de veiller à ce que l'actif, le pénétrant ne soit pas agressif, destructeur, endormi ou incertain, et le réceptif passif, ou dévoreur.

En termes d'évolution, Ségolène est un archétype plus nouveau, plus porteur de renouvellement, de surprise et peut-être de sagesse sociale. Sarkozy, lui, est mieux intégré socialement, il rassure davantage, il obéit à des critères de gagnant, il peut être le porte-parole des forts tout en concédant quelques miettes du festin aux faibles. Il s'intéresse aux puissants, il gère les réclamations des victimes. Ségolène s'intéressait aux gens en général, elle est le porte-parole des défavorisés mais aussi de ceux qui déploient de l'intelligence, de la créativité sans entrer dans l'appropriation abusive ou l'exploitation. Ces deux personnalités sont en accord avec l'idéologie qu'ils représentent.

Le fait que ce soit la femme qui représente un modèle futur correspond bien à ce qu'on voit à l'œuvre partout en Occident. Les femmes bougent, elles sont majoritaires dans le développement personnel, la connaissance de soi les concerne, elles tirent le couple vers plus d'intimité vraie et de conscience, elles sont les premières à divorcer. Elles sont aimantées par l'harmonie, la paix et la sagesse. Les hommes se transforment aussi mais plus lentement, un pas en avant, un pas en arrière. Les blessures affectives les font progresser, les larmes font fondre la cuirasse mais, à la première occasion, ils en retrouvent une autre. L'ego lié au mental et au désir de gagner rend le passage à l'anima plus chaotique. La peur de l'affaiblissement n'est pas illusoire.

Mais un pays est une entité à la fois masculine et féminine, encore largement colorée de la prééminence masculine dans la façon de penser. En ce sens, le nouveau l'aimante et l'effraie, l'ancien le stabilise. L'accès à un bon mode de vie rend frileux, la France n'est-elle pas frileusement bourgeoise jusque dans ses couches populaires ? Ce sont les jeunes, plus que les femmes, qui ont fait la différence. On l'a vu, les femmes sont divisées, elles évoluent mais elles ont des difficultés à donner le pouvoir à une femme. Les jeunes, eux, sont portés par l'enthousiasme d'un changement.

Soif d'idéal, disait-on. Cette soif d'idéal s'est effacée devant les attraits de la sécurité et de la prospérité.

## *Une refonte du désir*

Pourquoi y a-t-il en Polynésie des hommes qui s'habillent en femmes et qui sont parfaitement tolérés et intégrés dans la société ? Pourquoi les retrouve-ton généralement dans une fonction artistique, ou du moins dans une démarche esthétique ? Quel rapport avec la démarche des hommes qui pendant les fêtes orgiaques dédiées à la Déesse-Mère se coupaient le pénis, s'habillaient en femmes en entrant dans la première maison venue, et couraient se réfugier dans le temple pour devenir des prêtres ? Que manifestaient ces hommes ? Ils quittaient délibérément l'univers guerrier, ils tentaient de coïncider avec une pulsion d'anima mais de manière castratrice. D'un pôle à l'autre, ils traduisaient une rupture, une opposition prise au sérieux. Ils privilégiaient le réceptif. Le désir changeait de cap.

Toute la culture actuelle fonctionne encore sur une ancienne définition du désir. Celle d'un patriarcat et d'un système masculin où l'amour ressemble à la guerre.

Le désir s'entretient par la distance, la tension et la conquête. L'homme monte à l'assaut, chasseur et guerrier, la femme attend, recule ou s'enfuit jusqu'au moment où elle se rend, victime plus ou moins consentante d'un rituel érotique qui la déchire ou la comble, la désenchante ou la rend à son tour désirante et conquérante. La relation établie et la vie conjugale civilisent ce que la relation érotique a de sauvage. Trop d'habitude et de sécurité éteint parfois ce désir qui s'alimente de distance. Ce qui fait dire à certains que le mariage et la vie de famille sont incompatibles avec le désir et l'amour.

C'est méconnaître que l'androgyne en nous a un autre rapport à la sexualité. Désir de désirer, désir de soi, participation directe à l'éros du monde, pour s'allumer l'être n'a pas le besoin exclusif d'un autre privilégié. Moins génital, son désir est plus diffus, posé culturellement sur la beauté, le sourire, le sens à chaque instant. Je suis amour prend le relais du je t'aime. C'est peut-être là que se trouve la plus grande nouveauté. Si un troisième sexe existe c'est dans cette attitude qu'elle commence à s'inscrire. Un être non formaté de possessivité et d'exclusivité reste une rareté. Bien entendu il y a ceux qui se mettent hors de toute relation affective et sensuelle et qui contournent ainsi la difficulté en éteignant cette dimension de proximité et d'intimité avec autrui. Mais pour ceux qui s'exposent à la brûlante lumière de l'amour, beaucoup demeurent prisonniers de cette étrange passion de l'accaparement de l'autre. Le nœud se desserre avec le passage d'un éros particulier à un éros plus universel, plus diffracté sur le monde.

Pour ceux qui ont fait cette mutation, le désir change de forme. Il s'épanouit dans la confiance. Il est réceptif et actif. Il n'y a plus le chasseur et sa proie, mais deux êtres en vibration, qui échangent leurs fréquences avec délicatesse et qui s'accordent pour jouer une musique. L'amour n'est plus passionnel mais musical. Cet accord ne se joue pas avec n'importe qui. Mais il appartient d'abord à l'instant et ensuite seulement à ce que les deux personnes ont de connivences. La recherche mutuelle n'est pas un attachement sécuritaire, mais un respect mutuel d'un espace de liberté. Chacun continue à la fois d'évoluer vers lui-même et d'avancer vers l'autre. Ces deux modes d'intimité sont en rapport l'un avec l'autre. Ce n'est pas tant la différence des genres qui crée le désir bien qu'elle subsiste que la complicité sur une même longueur d'onde. Aimer ne signifie plus être dépossédé de soi-même, mais être doublement rempli de l'autre et de soi.

# *La jubilation du présent*

## L'androgyne en nous évolue vers la sagesse de l'instant

« Je sentais, en écoutant Zorba, se renouveler la virginité du monde. Toutes les choses quotidiennes et décolorées reprenaient l'éclat qu'elles avaient au premier jour... L'eau, la femme, l'étoile, le pain revenaient à la mystérieuse source primitive, et le divin tourbillon se déclenchait de nouveau dans les airs. »

Nikos Kazantzákis, *Alexis Zorba.*

« Toutes les sensations de bonheur ont deux choses en commun, la plénitude du sentiment et la pétulance qui en résulte ; en sorte que l'on se sent dans son élément comme un poisson dans l'eau et que l'on s'y agite. »

Friedrich Nietzsche, *Aurore.*

## *Vivre en ouverture*

La jubilation du présent est d'abord une démarche enfantine, spontanée et naïve. Elle ne résulte pas d'une intention, elle s'impose comme une joie de l'harmonie vécue, elle est. Nul besoin de justification ou de stratégie. L'enfant qui boit son lait est tout entier dans l'acte de téter, même si d'autres sens viennent contribuer à son bonheur, la vue de sa mère, son sourire, son odeur, peut-être la mélodie de sa voix, la chaleur et la douceur qui émanent de son corps. Une sinesthésie converge pour enrichir ce moment de plénitude. L'intensité de plaisir et de joie éprouvée dans l'instant est enregistrée dans la mémoire des cellules et dans la future mémoire cognitive.

Pendant nos premières années, nous sommes ainsi livrés à l'intensité des sensations. Nous vivons l'immensité du monde à travers les cinq sens. Quand l'enfant est immergé dans la vie de famille, il peut être très tôt participant à ce qui se passe, il sera distrait par son enregistrement des paroles échangées, des jeux de pouvoir, de l'intérêt dont il fait l'objet ou non. À table par exemple, il peut rester présent à la sensation de ce qu'il mange ou mettre son attention sur les jeux de son frère avec la nourriture, sur le ton des conversations, sur le sens de ce qui est dit, etc. Selon les cas, son plaisir de manger sera très différent. L'idée qu'il se fait du plat qui arrive conditionnera aussi sa réceptivité : j'aime le poisson, je déteste le poisson. L'une après l'autre, ces expériences construisent notre rapport au sensoriel et font de nous des êtres doués d'une sensualité ouverte ou des êtres plus mentaux préoccupés par le décryptage des signes environnants. Ce qui peut se résumer aussi de la façon suivante : ou bien je vis en ouverture, ou bien je vis majoritairement en défense.

Il est assez facile de repérer les bonnes natures, celles qui conservent un pétillement au fond des yeux, un rire gourmand, une globalité de présence charnelle. Certes, elles ont reçu leur part de conditionnement, d'esprit critique, de méfiance, de pensée analytique, mais chez elles indéfectiblement l'appétence à vivre est restée présente. Elle vit comme en arrière-fond et préserve une disposition à la joie. Elle agit comme un scanner permanent pour repérer les situations et détecter ce qui peut l'alimenter. Même si elle prend son lot de contraintes, elle ne perd pas de vue la possibilité de s'oxygéner. Certes, cette attitude n'est ni affirmée ni apparemment centrale et en premier plan. Mais la petite flamme qui ne s'est pas éteinte depuis l'enfance est têtue, elle ne se laissera pas faire quand l'éteignoir la menacera. Nous ne sortons pas égaux de l'enfance sur le plan spirituel : certains ont ainsi sans le savoir des acquis indéfectibles que l'inconscient fera surgir chaque fois à la surface par surprise.

Est-ce à dire qu'ils sont sauvés d'avance ? Sauvés du pire d'eux-mêmes. En tout cas l'amour de la vie s'est incarné en eux comme une seconde nature, terrain favorable au développement spirituel. On peut être ainsi quasi naturellement bienheureux. Les joies pures de l'enfance ont construit, une certitude qui ne demande qu'à se consolider au niveau du cortex pour devenir une valeur qui guide l'existence.

Est-ce à dire que la jubilation du présent ne s'apprend pas ? Oui et non. Tous les êtres humains l'ont connue dans leur enfance sous une forme plus ou moins profonde et exaltée. Beaucoup se sont fait recouvrir des strates grises des « tu dois » qui ont en grande partie paralysé les « je veux ». Et les « je veux » se sont laissé détourner de la référence des sensations pour se poser sur toutes sortes d'objets aux promesses fallacieuses de plaisir. Désirés, possédés, ces objets se démagnétisent et perdent leur valeur stimulante parce qu'ils ne répondent pas à des besoins profonds des cinq sens, qu'ils sont des leurres agités en vain pour la circulation de l'argent.

Heureusement, la jubilation du présent ne nous lâche jamais vraiment. Elle continue de nous chercher depuis les profondeurs de l'inconscient. Et nous pouvons la rattraper, la cultiver, lui donner de l'attention consciente pour qu'elle grandisse comme une jeune pousse.

Nous pouvons lui faire confiance. Contrairement à ce qui a pu être dit, notamment dans les formes de pensée religieuses, l'ouverture des sens n'est pas superficielle, elle ne régit pas uniquement un côté additionnel des plaisirs parcellaires. Tout vrai plaisir nourrit l'être. Plaisir d'écrire à cette table. Plaisir de sortir dans le jardin, d'écouter les oiseaux, de regarder la lumière. Plaisir d'être. Ici et maintenant. Cette disposition d'esprit est immense.

Peut-être n'y a-t-il rien de plus précieux pour notre époque que de développer cette qualité de présence au monde que la génération des années soixante-dix avait déjà exhumée dans ses revendications.

Dans l'état actuel de décentrage de la transmission collective, le message de l'ici et maintenant apparaît primordial. Le sport, la nourriture saine, la danse, le chant, tout ce qui s'adresse au corps pour le rendre plus conscient contribue à restaurer cet équilibre. Mais il reste beaucoup à faire ; parce que l'état d'esprit dans lequel chacun cherche son salut dans une technique, une discipline, reste trop souvent coupé d'une vastitude, d'un sens, d'une foi en soi et en sa démarche.

### *La joie de ce qui « est » : une royauté de naissance*

Car la succession des ici maintenant n'exclut pas de tirer le fil du sens, ni de conduire un projet engagé dans le passé, présent, futur. Là encore, ce n'est pas *ou* mais *et*. À la fois, j'écris un livre instant après instant, je le poursuis patiemment comme on tricote un pull maille après maille, chaque mot apporte sa totalité, et pourtant les mots ensemble forment une harmonie. Je laisse couler et je dirige. Le processus créatif me suit et me poursuit. En même temps, je suis consciente de la manière dont je suis assise, des points de tension dans mon dos auquel j'envoie un message de détente. J'ai de l'amour pour ce corps qui a mal dormi cette nuit, pour ces yeux qui brûlent un peu, pour ces articulations qui demandent à s'assouplir. Dans quelques minutes, j'irai marcher et respirer. Ici maintenant. Pourtant je jouis de cet instant, je prends plaisir à envoyer consciemment une onde de bonheur globale dans tout le corps par le jeu de ma respiration. Le plus difficile est peut-être de se détendre au sein même de l'action, de rester en contact avec la flamme de joie, de ne pas crisper les pieds ou les mollets, ou les mains.

Envoyer consciemment plusieurs fois par jour des messages d'apaisement. Est-il possible d'œuvrer dans le confort, le bien-être et la joie participante du corps ? Je me suis promis de ne pas écrire ce livre sous la pression du mental, d'oser m'arrêter chaque fois que mon corps donne des signes de fatigue et de tension. La souffrance ne garantit pas le talent. On pourrait dire même que voir la création comme une transfusion d'énergie a quelque chose de malsain et produit des enchaînements karmiques avec ceux qui lisent. À quoi sert un livre de plus ? À apaiser ma mauvaise conscience d'écrivain qui se sent comme enceint d'une idée à naître. La première de mes obligations, la première hygiène est de me sentir en cohérence entre ce que je fais et ce que je dis. Je souhaite dépasser l'effort de l'écriture et trouver, réactiver ce qui coule comme une source. Et là je redécouvre la transe légère, l'état interne d'abandon qui fait confiance au grand moi de synthèse. Jubilation. Chant d'amour.

La jubilation du présent est comme une disposition innée, une royauté de naissance qui se perdrait dans les méandres de l'éducation. À nous de retrouver la graine, de l'arroser, de la faire fructifier. Certains disent : je fais du ski parce que ça me vide la tête, le sport m'empêche de penser, m'équilibre, les mots croisés me stimulent, les films me distraient, avec les copains j'oublie tout, un verre de vin me met en joie, une pilule d'ecstasy m'ouvre le cœur, une promenade me lave la tête, avec le soleil tout va mieux...

Que se passe-t-il ? De quoi souffrons-nous ? D'une pléthore de fonctionnement mental, d'une division et d'un assaut de pensées contradictoires. Ce petit moi est lourd à gérer au quotidien. Il semble que nous ne sacrifions jamais assez aux « je dois ». Nous amplifions le registre des peurs et nous nous enchaînons à leurs exigences. Elles sont affamées sans répit et il n'y a pas de fond à ce tonneau-là. Pour s'en sortir, il faut cesser d'alimenter cette logique véhiculée par la société et retrouver sa loi individuelle. Oser penser par soi-même ce qui est bon pour soi alors que toute notre vie nous avons fait confiance aux parents et autres substituts. Notre développement est resté en grande partie infantile. Nous risquons de nous acheminer vers un découragement dépressif. Toute la société actuelle est menacée de dépression parce que l'instinct s'est éloigné, la bonne conscience dans l'exploitation de l'autre ne fonctionne plus, les révoltes se multiplient et menacent de se multiplier encore. La lucidité lourde de contradictions taraude de mauvaise conscience des individus engagés pourtant irrémédiablement dans la recherche d'un sens qui se dérobe. C'est une forme d'impasse que les précurseurs annoncent depuis cinquante ans.

Là où se trouve le mal se trouve aussi le remède. Le « je veux » du mental, la volonté créatrice propose une attention délibérée au « je suis » et au « c'est ». L'attitude conquérante se retire pour laisser place à une réceptivité active. Analyser une situation, la comprendre, c'est bien, mais la solution ne se trouve pas exclusivement là. Encore faut-il trouver l'énergie du changement, déplacer le regard et la perspective. Le retour sur soi, la mise en cause de soi s'accompagnent aussi d'un retour vers le corps et d'une innocence retrouvée.

La cristallisation dans la joie de l'instant laisse une trace ineffaçable. Que ce soit l'extase du jus sucré des prunes coulant dans la gorge ou l'absorption sans limite dans le cœur d'une églantine, ou encore les heures passées dans la cabane de bambou où le temps se dilatait à l'infini. Cette jouissance existentielle de mon enfance colore à jamais ma participation sensuelle au monde. Quand je ne caresse pas le monde du bout des doigts, je le touche du regard ou je goûte la saveur dorée, miellée, de la salive.

*Aimer sa singularité*

Aujourd'hui cette connaissance est là comme un arrière-plan qui ne demande qu'à passer sur le devant de la scène. Les nuances grises des « je dois » ont pris de la place dans ce cycle de vie et le prochain cycle demande de les évacuer. Qu'est-ce qui fait que la personnalité parvient à prendre le pas sur l'être, que la périphérie l'emporte sur le centre, que la joie est une révélation si puissante et que la souffrance triomphe, qu'elle revient au galop alors même qu'on sait la joie, qu'on est la joie ? Faut-il donc compter avec la pression d'une conscience collective encore majoritairement tournée vers la souffrance ? Comment sortir de cette hypnose collective ?

Comment se désidentifier de la culpabilité que sème

partout le démon gris de la conformité déguisé en solidarité ?

Est-ce le désir d'aimer et d'être aimé qui nous rend si lâche avec nous-même, qui nous amène à trahir ce que nous sommes, à nous aliéner, à nous inférioriser ? Ressembler aux autres. Faire corps commun. Assumer son côté unique, sa solitude, son individualité. Lourde tâche que celle d'une liberté revendiquée. Se fondre dans le troupeau encore et encore. Renoncer.

La jubilation du présent se trouve du côté – on l'aura compris – d'une affirmation de soi toujours renouvelée, reconquise même sur les pesanteurs d'une vie sociale. Car tout est fait pour que le bonheur soit indéfiniment repoussé, paradis promis aux esclaves d'aujourd'hui.

Mais le maître intérieur s'est réveillé et il ne veut plus se rendormir. Pour lui, il n'y a pas d'attente. Rien qu'un présent royal. Une conscience ronde qui fait l'instant doré. Un poudroiement d'or liquide dans toutes les veines.

La promesse de bonheur est une grande source de mystification. Pourquoi faudrait-il renoncer à la beauté de l'instant au nom d'un hypothétique futur ? Pourquoi cultiver la terrible insatisfaction : j'ai beaucoup mais je n'ai pas tout, et je cours, je cours pour attraper un morceau de ciel, je dédaigne même ce que j'ai sur la terre et dans ce corps, je cours inlassablement vers le ciel ? Telle est peut-être la mystification majeure d'une certaine conception de la spiritualité.

Méfions-nous de ceux qui veulent l'éternité quand doit triompher l'instant, de ceux aussi qui se réclament de l'immortalité.

La sérénité consiste à être pleinement là dans la joie de ce qui est. Peut-on s'entraîner à cette disposition d'esprit ou sommes-nous condamnés à des intermittences, à des moments d'exil renouvelés ? Est-il possible d'envisager une permanence, une tonalité de fond qui resterait présente même si elle passait parfois en arrière-fond ? Cette dimension dont on a vu qu'elle était une disposition enfantine peut ainsi devenir peu à peu une foi, une discipline, une maîtrise et une vérité.

## *Apprendre à vivre au présent*

> « J'exercerais parfaitement mes cinq sens, ma peau tout entière pour qu'elle jouisse et comprenne. J'apprendrais à courir, à lutter, à nager, à monter à cheval, à ramer, à conduire une auto, à tirer au fusil. Je remplirais mon âme de chair et ma chair d'âme. Je réconcilierais en moi enfin ces deux ennemis séculaires. »
>
> Nikos Kazantzákis, *Alexis Zorba.*

J'ai créé un stage « Carpe diem » de cinq jours qui est conçu dans le sens de la présence à l'instant et aux cinq sens. Se concentrer chaque jour sur un seul des cinq sens permet de développer et d'enrichir ce sens, ce qui donne de la densité à l'être et le remplit au-delà des mots. Mais, de plus, chacun des sens est éventuellement une porte d'entrée vers l'extase, et le fait de créer les conditions d'une attention soutenue permet aussi d'ouvrir la voie subtile d'une accumulation d'énergie, donne les conditions d'une percée. Ouverture du sexe, ouverture du cœur, et même ouverture du crâne. Tout cela dans des conditions de douceur, de beauté, et d'amour. Le livre des cent douze méditations tantriques sert de base théorique car on y trouve toutes sortes d'exercices apparemment très simples qui consistent à être présents à de toutes petites choses. Notamment concernant les cinq sens. Concentration, attention, respiration. Avec ces ingrédients, les ouvertures et les transformations sont possibles. Même éternuer en conscience peut conduire à l'illumination.

*Carpe Diem quam minimum credula postero* : « Cueille le jour sans te fier le moins du monde au lendemain. »

Que triomphent la pure volupté de l'instant, l'unique réalité du présent.

Jouis d'exister et d'être au monde.

Élargis ton être aux dimensions du monde.

Développe un art de sculpter le temps.

Cultive la vivacité, la subtilité, la délicatesse, l'élégance et la grâce.

Les cinq sens sont une porte d'entrée à l'extase, à l'émerveillement, à la joie de vivre et à la liberté. Poser consciemment son attention sur l'odeur, le goût, le toucher, l'image, le son c'est entrer dans un univers à la fois extérieur et intérieur. Le livre des cent douze méditations tantriques, le *Vijnana-Bhairava*, l'un des plus vieux textes de sagesse dont nous disposons porte déjà cette révélation. Plus près de nous, Aldous Huxley proposait de comprendre que si « les portes de la perception étaient nettoyées chaque chose apparaîtrait telle qu'elle est, infinie [1] ».

Construire les conditions favorables à l'épanouissement de cette possibilité latente dans l'être humain, voilà un défi qui ne manque pas d'urgence dans un monde qui court vers sa propre mort en courant vers ce qu'il n'a pas, sans s'arrêter pour goûter ce qu'il a. Le présent est à la fois un cadeau et la vertu de l'instant.

L'extase est un état aussi naturel que la respiration et le sommeil. Mais il ne fait pas partie des permissions et des priorités de la vie sociale. Comment lui redonner une place dans sa vie ?

---

1. A. Huxley, *Les Portes de la perception*, 10/18, 2001.

L'enfant naît avec une nature spontanément extatique, il s'agit là d'un droit de naissance dont l'acquis culturel semble nous avoir privé : les traditions culturelles et spirituelles n'ont pas mis beaucoup de confiance dans les messages venus du corps. Et pourtant, tout est déjà là. Derrière la vitre du mental tout est parfait, assurent les mystiques de toute obédience. L'expérience directe conduit à l'intensité de la présence à soi et au monde.

L'expérience de « Carpe diem », c'est cinq jours consacrés chacun à un sens. Le jour de l'odorat, la matinée commence par l'exploration des odeurs dans la nature au lever du soleil. La terre est encore humide, Les fougères, le thym, la sauge, le romarin exhalent les odeurs de leurs feuilles froissées. Il ne s'agit pas d'identifier ou de nommer mais de se laisser emplir par le plaisir, surprendre ou ravir. La propreté du nez, la capacité respiratoire, la respiration consciente font partie des exercices préalables au simple ressentir et au développement de la réceptivité. Pour que l'être entre dans le féminin de sa coupe intérieure, encore faut-il que cette coupe ne soit pas encombrée. Le nettoyage est une décision, une attention, une accélération des échanges, une pratique et une ascèse qui permettent de sortir de la ronde encombrante des idées.

Au petit déjeuner, le plaisir continue avec une dégustation consciente précédée d'exercices olfactifs sur les fruits, le pain et tous les éléments du buffet matinal. Chacun est invité à vivre des bouchées lentes et conscientes avec un mets choisi qui l'attire le plus à l'odorat. Acte de lenteur, le petit déjeuner devient une célébration, un rituel.

Le travail en salle ramène à la collaboration du mental. Il s'agit de reconnaître par leurs odeurs les essences qui imprègnent des mouillettes, de les nommer, de les décrire avec les termes appropriés comme épicé, fruité, fleuri, de les relier à des souvenirs personnels. C'est un travail d'attention et de discernement. Certains découvrent ainsi qu'ils sont particulièrement doués, que leur capacité à reconnaître les odeurs est assez développée, d'autres, au contraire, se sentent handicapés et comme analphabètes de l'odeur. Cette exploration est souvent ludique, excitante, enivrante tant il est vrai que tout ce qui invite à mieux respirer libère.

La méditation sur un parfum que chacun choisit permet d'aborder l'odeur sous un autre aspect, celui des états de conscience modifiés. Là encore, nous sommes inégaux. Pour certains, l'odorat est une porte privilégiée ; pour d'autres, elle reste fermée. Respirer une odeur pendant une demi-heure à une heure en silence et immobile produit une véritable ivresse qui ouvre la voie extatique.

Après un déjeuner léger, l'après-midi commence par un rituel d'éveil des sens fait deux par deux, l'un qui donne, l'autre qui reçoit. Il s'agit d'aider son partenaire à atteindre un grand état de relaxation et d'ouverture. Celui qui reçoit est allongé, les yeux bandés et il s'abandonne à la sensation. Effleuré, massé avec des matières douces, soyeuses, surprenantes, plumes, feuillages, tissus, bercé par des sons harmonieux et divers, enivré par des odeurs, il devient sensation. Tout l'art du donneur consiste à doser avec délicatesse ses apports, ni trop ni pas assez. Il y a autant de plaisir à être le servant de cette cérémonie qu'à la recevoir. Les états atteints dans cette expérience peuvent être d'une grande profondeur. Ils sont prolongés par une méditation sexe-cœur-tête.

Chaque jour, un sens est ainsi intériorisé et exploré et il est bien rare qu'une personne ne découvre pas qu'elle a un sens privilégié pour s'ouvrir. Au terme de ces cinq jours, un état d'une grande légèreté est atteint, laissant une trace ineffaçable dans l'être. Car le corps est un maître inconnu.

## *Une nouvelle conscience, un nouvel humain*

Des poètes de la matière et de l'âge futur, des prêtres des mots, c'est ainsi que se nomment Satprem et avec lui Sri Aurobindo. Ce sont deux hommes encore que j'invite dans ce livre alors même que je revendique une pensée de femme. Mais je pense que ces hommes-là avaient contacté en eux un féminin spirituel, une joie dionysiaque et une imagination solaire. L'être supramental de Sri Aurobindo et le surhomme vu par Satprem se rejoignent.

Est-il juste de parler de nouvelle conscience ? La conscience est sans doute à la fois éternelle et toujours en devenir à travers l'humanité. Mais leur intuition à l'un et à l'autre les amène du côté de la féminisation du monde, du corps et de la matière, dans un mouvement descendant et global.

« Tout est contenu dans une seconde, la totalité des âmes et des âges, dans un simple point qui brille un instant sur la folle écume. Mais ce point-là nous l'avons perdu, et ce sourire, et cette seconde qui chante[1]. » Comment allons-nous le retrouver ? Comment entrer dans la voie solaire. En franchissant la forteresse du mental par la fraîcheur d'un émerveillement constant, dans une naissance à chaque instant. « Le sens de l'esprit ne va pas de bas en haut mais de haut en bas... il devient toujours plus dans la matière, parce qu'il est la matière même du monde, peu à peu dépouillée de nos faux regards de chenille et de nos faux regards d'hom-

1. Cette citation et les suivantes sont tirées de Satprem, *La Genèse du surhomme*, Buchet /Chastel, 1994.

mes et de nos faux regards spirituels – ou, disons peu à peu reconnu par notre vrai regard qui grandit. » Je retrouve chez Satprem la même intuition que celle qui m'anime. Il faut pour aborder une fraîcheur de vue se débarrasser de toutes les constructions du spirituel : « Moins nous serons encombrés par les sagesses du passé, les ascensions du passé, les illuminations du passé, les disciplines et les vertus et tout le tintamarre chamarré des vieilles saintetés de l'Esprit, plus nous serons libres, dessillés pour faire la découverte, et plus le chemin jaillira sous nos pas comme par enchantement, comme s'il jaillissait même de cette désacralisation complète. »

La voie nouvelle est celle de millions d'hommes ordinaires qui l'approchent sans la reconnaître, elle n'a pas été découverte par les « athlètes de l'esprit ».

Les gouttes de joie exsudées par les petits riens au-delà du je et du moi s'accumulent, se thésaurisent pour un commencement d'être sur la voie ensoleillée. C'est une royauté secrète qui peut se vivre partout, dedans, dehors, seul ou accompagné, quelque chose de vaste et d'éternel qui ne loge pas dans l'Idéal et les hauteurs éthérées. « L'évolution n'est pas morale... n'est pas ascétique : elle embrasse tout dans une somptueuse opulence. » Gourmande sérénité. Et parce que Satprem garde l'absolu de la vérité avec la majuscule qui va avec, il écrit : « La Vérité est là, immédiate et toute-puissante, dans chaque atome, chaque cellule, chaque seconde. » Pas d'ascension mais une méthode globale. La vie se déroule à son rythme de communications diverses, parler, téléphoner, sortir, mais une vibration douce continue de se faire entendre à l'intérieur apportant comme l'air du large et comme une inspiration pour être présent différemment, de manière plus juste.

Cette nouvelle conscience selon Satprem a ses incertitudes, ses ratés, ses difficultés de maîtrise ou de lâcher-prise, « une longue, immense patience qui va avec chaque pas, chaque geste, chaque tressaillement d'être, comme un murmure d'éternité qui porte la minute ». Le poète n'en finit pas d'égrener ses perles pour nous conter cet espace intérieur et la réconciliation entre l'extérieur agité et l'intérieur immensément calme : « la brutalité de l'acte jaillit d'une insondable paix » et « la Vérité porte le monde comme dans une grande robe de douceur ». L'ego peut venir tout compromettre mais aussi tout le marécage de nos désirs, de nos vouloirs, de nos idéaux et seul un pas en arrière, une distance, évite de troubler l'eau claire qui coule désormais. Et l'on découvre qu'en s'accordant à soi-même dans l'ordre de la clarté, de la vérité, on devient accordé aux autres.

« Il y a ça qui coule et qui est vrai, et qui veut seulement être de plus en plus vrai, parce que la Vérité c'est la grande douceur de vivre, la paix d'être, la largeur d'être, l'exactitude du geste et la perfection de la minute. » Ainsi à travers chacun de nous le ciel descend sur terre.

Une autre façon d'être, un autre regard, une perception de la vibration. L'homme crée son monde par sa pensée, tout est conscience. Le moi qui regarde n'est plus dans le corps, c'est plutôt le corps qui est dans moi. Sortir de l'envoûtement mental, c'est redonner de l'infini là où le regard se coule, entrer dans le rythme de la vie. Chacun humain est ainsi porteur de sens et de vérité, un pas dans une éternité tranquille, et un pas qui trébuche. La conscience qui naît dans le chercheur est silencieuse et sans pensée et en quelques secondes tout est unifié, rien n'est séparé. Puis on retombe et tout devient lourd comme avant. La vieille pensée reprend ses droits. Cette conscience naissante est « simple comme un sourire, légère comme le vent, consentante comme la fleur sous le soleil – peut-être est-ce cela, un consentement total, une sorte d'adhésion pleine de soleil, à tout, à chaque seconde », elle se définit comme « une éclosion du dedans ». *Ça* veut en nous. Le dedans et le dehors se répondent de manière différente. C'est le dedans qui commande au dehors. Rien à voir avec les pouvoirs occultes ou les visions prophétiques, ou les pouvoirs de guérison : cette conscience globale est comme une nouvelle attitude intérieure qui concerne l'infinitésimal, chaque point, chaque chose.

S'agit-il du divin en l'homme ? Cette révolution douce est immense ; notre culture actuelle n'en a pas pris la mesure. On s'intéresse au psychique, au psychologique et même au spirituel, mais de manière périphérique : ce n'est pas la grande affaire de sa vie mais de petites recettes d'appoint pour supporter une vie terriblement mécanisée et gouvernée par le dehors des choses. La grande royauté passe par la récupération du dedans. Bien sûr que pour autant cette conscience est pouvoir, mais elle est d'abord amour.

« Il y a une grande éclosion qui peu à peu dépouille sa merveille pétale après pétale. » Vision de poète. Pas seulement. Depuis ma petite enfance j'entends ce mot chanter en moi comme une promesse, comme une révélation : « éclosion ». Quand chaque vision s'agrandit et se relie à l'éclosion totale, l'infini habite la conscience. Dans la joie, pour la joie d'une vérité ronde. Le feu du nouveau monde qui brûle en chacun est cet appel inextinguible vers l'infini qui tend à s'incarner dans chaque instant, qui apporte la plénitude là où il y avait soif et insatisfaction.

## *Une spiritualité venue du corps*

Et si tout l'incroyable développement de notre civilisation n'était qu'une marque d'impuissance « à voir loin, à entendre loin, à entrer au cœur des choses et à saisir directement, immédiatement ». Développer une nouvelle vision c'est savoir que chaque chose « est » et contient la totalité des possibles, la même éternité tranquille, le même plein. Et pour exprimer ce plein, Satprem emploie la même métaphore que Nietzsche : « Il y a comme un or chaud qui commence à briller partout. »

Pour que se développe en nous cette nouvelle vision, nul besoin de grandes ascèses. Simplement écouter, laisser venir, arrêter de vouloir et de lutter, devenir un instrument accordé au rythme de la vie, être comme l'instrument qui laisse la musique passer par lui. Nous croyons chercher : et si nous étions cherchés ?

Cherchés par un grand moi qui synthétise et globalise l'ensemble de la situation, provoquant les coïncidences, favorisant de petits miracles positifs, englobant ce que nous appellerions le mal dans le même sens que l'invitation que je développe souvent : transformer la blessure en perle de l'âme. Une dimension en nous baigne dans l'amour qui comprend tout.

Le jeu du mental se révèle à celui qui reste centré sur son feu, sur sa lumière intérieure. L'illusion se dévoile.

Pour échapper à ce mental qui nous manipule, à l'envahissement des pensées, le chercheur laisse couler, revient à la sensation. « Il est seulement besoin d'être et d'être encore et de brûler à l'unisson d'une seule petite flamme qui est comme le feu même du monde. » On contacte ainsi une énergie, un pouvoir ; une source qui contient tous les possibles. Les fausses pensées viennent s'interposer, avec un autre pouvoir, et elles s'incarnent aussi, mais la pensée juste peut faire jaillir une circonstance favorable. Chacun est enfermé dans sa bulle, mais la bulle peut aussi éclater au contact du feu intérieur. « C'est si simple qu'on n'y avait jamais pensé, c'est si tranquille que c'est comme un océan dans chaque goutte, si souriant, si clair que ça passe à travers tout, ça entre partout, ça se glisse partout, ça joue ici, joue là, c'est transparent comme l'air, c'est comme un rien qui change tout et c'est peut-être tout. »

Un sens de l'harmonie intérieure et extérieure se développe, il baratte l'humanité, l'oblige à ne pas se contenter de peu, exige son évolution et « une mise en vrai » de chacun. Le doute, la peur, l'avidité, l'agressivité, toutes les peurs du mental créent des résistances au changement. Parce que nous croyons à la souffrance, à la maladie, à la mort, nous entretenons un grand non, nous résistons au miracle de la vie et de la conscience de la vie en nous. Pire, nous résistons à l'immortalité possible. En retrouvant la petite coulée tranquille au cœur des choses tout change, nous redevenons maîtres du secret solaire et nous frappons à la porte ensoleillée. La douceur du monde coule dans nos cœurs. Le mur s'abat devant ce sourire solaire.

Tout est simple. Le surhomme se révèle en l'homme en tant que conscience. C'est une voie exigeante, un arrachement méthodique à de milliers de petits esclavages. Mais cette transformation est dans l'air du temps. Les apprentis surhommes sont partout, viennent d'expériences diverses, et quand ils ont goûté au feu intérieur, ils ne peuvent plus renoncer. Ils seront les errants d'une patrie qui n'existe pas encore, ils tenteront de se rassembler, de se fortifier entre eux par petits groupes en tentant d'échapper à ce qui pourrait ressembler à une perte de liberté et de responsabilité personnelle.

Satprem s'appuyant sur Sri Aurobindo présente le surhomme comme l'être de transition qui prépare l'être supramental fait d'une autre substance, d'un corps subtil, immortel, lumineux. Le secret des cellules contient la clef de la matière : « dans une cellule de notre corps repose le mystère pareil de toutes les galaxies et toutes les terres ».

La coulée devient une sorte de courant continu qui descend le long du crâne, de la nuque, puis englobe le reste du corps jusqu'aux pieds et au-delà des pieds. C'est une force qui nettoie, illumine. Le feu aussi grandit dans le mental, dans le cœur, puis dans tout le corps, imprègne tous les moments. « Chaque geste, chaque opération accomplie avec une parcelle de conscience, agglutine cette conscience, ce petit feu d'être, au geste et à l'opération et peu à peu le transforme. »

Ainsi le corps entre dans un fonctionnement conscient et il crée un double lumineux, « un fils du corps ». Et Satprem de conclure : « Une nouvelle culture spirituelle du corps est à inventer. »

Ce livre, cette démarche et toutes les expériences qui en ont découlé s'inscrivent dans cette ligne.

# Micropratiques

## Quelques minutes de conscience-présence

Comment avec nos cinq sens faire vibrer le corps en harmonie avec le Tout ? Comment vider notre tête et faire sortir de notre tête ces personnages gris qui la polluent ? Comment nettoyer le temple intérieur et accueillir la joie ?

Marcher en conscience.

Manger en conscience.

Dormir et rêver en conscience.

Suivre le cours de la vie quotidienne tout en demeurant au cœur du souffle.

Garder les yeux ouverts dans le noir.

Prendre conscience de son discours intérieur.

Visualiser une lettre, se laisser remplir par sa lumière, entrer dans la sonorité de la lettre. Puis chanter le son de plus en plus subtilement et laisser la lettre se dissoudre dans l'espace.

Chanter le son « OM » et se laisser glisser dans la liberté de l'être.

Se boucher les oreilles, contracter l'anus, et imaginer sortir de l'espace et du temps.

Mettre les doigts dans les oreilles, écouter le silence qui peut être le son du son.

Chanter une lettre, se concentrer sur l'émergence du son, sur sa disparition à accéder à l'émergence du vide.

Bouche ouverte, placer son esprit dans sa langue, émettre le son « A » et ressentir la présence paisible au monde.

Faire frémir tout son corps et ressentir l'état de créativité subtile.

Entrer dans la lenteur des gestes. Tout mouvement du corps suffisamment ralenti nous fait toucher à l'harmonie.

Jouir de l'extrême lenteur des mouvements du corps.

Les mains ouvertes à hauteur des épaules, ressentir une

aire de luminosité sous les aisselles et la laisser diffuser jusqu'à son cœur.

Regarder un bol ou un récipient et prendre conscience de l'espace.

Regarder un mur et prendre conscience de l'espace.

S'asseoir et nourrir le monde de sa présence lumineuse.

Boucher les ouvertures des yeux, des oreilles, des narines, de la bouche et se fondre dans l'espace infini entre les sourcils.

Laisser son regard se dissoudre dans l'espace vierge, laisser l'esprit se détendre.

Se vouer à la contemplation d'un arbre ou de toute autre chose ou contempler sans objet.

Entrer dans l'adoration passionnée.

Ressentir son corps et connaître la félicité d'exister.

Ressentir sa colère et pénétrer dans son cœur, là où l'apaisement est toujours présent.

Ressentir, respirer et entrer dans la joie.

Ressentir que le désir de vivre est présent partout.

Manger et se délecter. Intérioriser ce plaisir.

Regarder quelqu'un, ressentir qu'il existe et l'amplifier en espace lumineux.

Accepter le monde tel qu'on le voit et rendre cette perception lumineuse et jouissive.

Entrer dans le frémissement sensuel.

Fixer l'espace après avoir dansé et le laisser entrer en soi.

Fixer un galet et laisser entrer l'espace en soi.

Laisser entrer le ciel en soi.

Regarder un objet puis retirer son regard et devenir la plénitude.

Fermer les yeux et diriger le regard vers l'intérieur.

Pénétrer dans la clarté du ciel.

Avant de dormir, se concentrer entre les deux yeux, placer la conscience dans son cœur.

Pratiquer l'arrêt au moment d'une impulsion.

Quand surgit un obstacle créer un espace de méditation.
En plein élan, stopper et prendre conscience.
Fixer son esprit dans le cœur tout en s'adonnant aux activités du monde.

# *La présence à soi-même*

*La vibration du silence*

Je suis plus vivante le matin, je suis plus grande le matin. La respiration et la méditation sont les premiers actes de la journée, comme une signature de verticalisation. S'ouvrir et vibrer comme un animal heureux de son corps, comme une âme soulevée par la beauté, comme un esprit conscient de la merveille d'exister. J'entre dans le monde et le monde entre en moi. Et pourtant, j'entends le silence au cœur même de la musique de la vie et de son bruit. Je ressens l'ermite. Je porte ce personnage encapuchonné des tarots. Il est silencieux et recueilli, comme porteur d'un secret, d'une écoute qui ne doit pas faillir dans la distraction. Il cultive un lieu de paix silencieuse et derrière son aridité apparente, la source coule. Ma soif intérieure s'abreuve à cette source heureuse.

J'ai marché bien des déserts avec innocence, inconscience, cherchant la paix et le silence, rencontrant le bruit de mes pensées. Raptée parfois par la beauté des dunes et la pureté joyeuse de la marche, reprise encore par la machine à penser.

La marche ne peut pas tout. La solitude non plus. Le marcheur silencieux, l'ermite du dehors a besoin de se transformer en ermite du dedans pour que la vibration s'installe comme une pointe fine, pour que le vaste du dehors se transforme en vaste du dedans. Le temps et l'espace n'ont pas la même consistance. L'éternité se pose dans le cœur conscient.

J'inspire et je deviens l'acte d'inspirer. J'expire et je meurs, j'inspire et je renais. L'inspiration est une moitié du cercle. L'expiration est une autre moitié du cercle. Le point de fusion entre l'inspiration et l'expiration est le centre.

Je bois de l'eau et je deviens l'acte de boire. « Il m'arrive quelque chose d'étrange : une substance douce se déverse dans ma tête et dans ma bouche continuellement. C'est si doux, tellement rempli d'énergie que je n'ai plus besoin de me nourrir... quelque chose me nourrit continuellement, quelque chose de doux, de vital... une porte s'est ouverte en moi... je n'ai plus de désir... maintenant tout est parfait... », dit Osho [1].

Je pèle l'oignon. Je découvre le vide. J'ai peur du vide. Je tente de regarder et d'accepter ce néant. En me laissant pénétrer de la certitude de la mort, je commence à permettre à la mâchoire de la peur de se desserrer.

Concentré sur le troisième œil, attentif au point entre les sourcils, je deviens le témoin.

Le monde de l'action est la circonférence, le monde de l'être est le centre. Je suis à la circonférence et au centre en même temps en respirant consciemment. Je suis dans la foule et je suis en contact avec le désert du dedans. Tout ce que je vois m'enrichit et m'instruit. L'esclavage et la liberté, le dehors et le dedans, l'amour et la connaissance, détachement et expérience s'unissent et ne font plus qu'un. Le désert intériorisé allume en moi une flamme.

---

1. Osho, *Le Livre des secrets*, Albin Michel, coll. Spiritualités vivantes, 1983.

Tant que je n'assumais pas mon ombre, je subissais celle des autres et j'étais distrait de l'essentiel. J'ai appris à me connaître, à vivre avec moi-même, à tirer l'eau de mon propre puits. La contemplation prend son temps et le mystère la féconde. La souffrance s'éloigne à petits pas. Je réalise qu'accepter de ne plus souffrir est difficile, que souffrir permet d'exister.

Je refuse le bavardage. Je reste nomade dans l'âme, passant de la vallée à la montagne, de l'horizontale à la verticale. Le voyage est une occasion de conversion perpétuelle, un laboratoire de transformation.

L'ermite extérieur continue sa marche, célébrant la terre et ses formes multiples, communiant dans le vaste, le nu, l'originel, le sauvage, pour lui le pays de la soif devient celui des sources. Le maître intérieur se révèle dans une lumière vivante. Les paysages sont porteurs de joie et de sens. Le sanctuaire n'est plus dehors mais dedans.

L'homme intérieur et silencieux demande une nourriture légère. Il s'est écarté des soucis, des colères, du superflu, des insultes et des louanges. Très discrètement, il s'est éloigné de ce qui fait l'ordinaire des humains. Il se tient à distance dans une forme d'impassibilité. Il éclôt à lui-même, il se détache, et la fine pointe de son être se tient dans la solitude aimée. Ce n'est pas le temps du partage, même s'il communie dans l'universel. La beauté a surgi de toutes parts, même dans les petites choses. Il devient assez vaste pour permettre aux autres d'être eux-mêmes avec leurs différences. Le silence s'est emparé de lui et lui demande de renoncer à vouloir. Quand il se croit seul, une douce tendresse l'envahit et le baigne. Il devient toujours plus fidèle à sa vocation profonde.

La voix de la sagesse, le chant de l'unité passent à travers lui, sans qu'il les charge de ses interprétations. Il est le témoin du vaste et de l'éternel, le témoin du Soi.

Amant de la vie, au sein de son vide, il appelle le plein. La parole qui jaillit du silence est un feu vivant, une chaleur féconde. Une vie sobre et libre se poursuit. La présence intérieure crée un foyer rayonnant dans le silence. Le passage par la solitude et l'isolement conduit aussi à la communion.

En intériorisant le désert, l'homme devient désert lui-même puis le mot désert s'efface laissant place à la joie.

« C'est dans le désert qu'ont toujours vécu les véridiques, les esprits libres, maîtres du désert. Mais dans les villes habitent les sages illustres et bien nourris, les bêtes de trait. Ils tirent le chariot du peuple [1]. »

Nous avons besoin d'un enseignement pour apprendre à aimer la solitude, pour en découvrir la fécondité. Le monde urbain fait aujourd'hui de plus en plus de tourisme dans le désert, à la recherche d'un supplément d'âme et de sens, d'une révélation que les oripeaux d'une culture éclatée ne réussissent pas à alimenter. Une question se pose, toujours la même : faut-il laisser faire le naturel en nous pour découvrir les trésors cachés de notre nature spirituelle ? ou faut-il intervenir par la pratique d'une discipline ?

La présence est un autre mot pour évoquer l'ermite intérieur.

## *La force de la présence, l'art de la présence*

Développer sa qualité de présence dans le monde et à soi-même, à chaque instant peut être considéré comme un art qui dépend de la manière dont on oriente ses pensées et ses priorités.

---

1. F. Nietzsche, éd. cit.

Pouvons-nous devenir les créateurs conscients de cette présence ? Dépend-elle de niveaux de conscience et d'attention ? Peut-elle s'améliorer et devenir décisive dans notre recherche d'authenticité et de bonheur ?

Cette notion de créateur conscient renvoie au rôle de l'intelligence éclairée et réflexive et au rôle des transmissions de croyances et de pratiques. Sur quelle transmission pouvons-nous compter ? Il y a le langage impalpable de l'exemple des anciens sur les plus jeunes. Présence dans la nature, au jardin, à la cuisine, dans l'exercice d'une technique, d'un art, présence dans la lecture, dans l'écoute, présence dans la prière, dans la transmission d'enseignement. Mais il y a aussi la révélation personnelle dans la solitude des premières années, le feu de l'adolescence, les moments privilégiés d'une vie dans la beauté ou l'amour.

Sur ces bases peut venir se greffer la volonté délibérée en relation avec le choix de vie. Quelle consécration sera la mienne ? Si j'ai en moi un appel impérieux, une soif ardente, vais-je décider de l'écouter et de lui répondre ? Avons-nous des recours à trouver dans des disciplines comme le zen, le taoïsme ou le tantrisme ? Cette quête est-elle laïque ou religieuse ?

Le mot « présence » peut se déplacer du plus corporel au plus spirituel jusqu'à s'écrire avec un P majuscule lorsqu'il s'agit d'évoquer le surgissement du divin en soi. Le terme de présence, bien que désignant la réalité bien tangible d'une personne, peut aussi évoquer ce qu'il y a de plus impalpable, de plus subtil. Nous sommes donc en face d'un mot très intéressant qui est en lui-même un paradoxe.

Dans les échanges, nous sommes amenés à capter le plus souvent inconsciemment un peu du mystère de chaque être. Il est fascinant de comprendre, de ressentir ce qui se passe derrière les mots, cette transmission de vie qui s'opère, cette clef secrète. Nul doute que chaque personne ne développe à sa manière une force de présence qui parle aux uns et aux autres. Peut-être d'ailleurs retenons-nous surtout cette sensation-impression et quelques idées.

La présence en nous parle au cerveau intuitif, le nourrit d'une forme de révélation qui se passe de mots. Elle crée l'adhésion ou l'aversion, le ravissement, l'admiration, elle permet la mise en route d'un système de projection aussi bien négatif que positif. Elle touche au monde des valeurs, à l'imitation, à l'apprentissage, à l'éveil aussi. On en trouve trace dans les expressions courantes : « Il a une bonne présence, quelle présence il a ! Sa présence fait du bien, est bénéfique, il a une grande présence, il est en forme, il est épanoui. » Inversement, « sa présence est négative, il passe inaperçu ».

Ces expressions semblent évoquer un élargissement ou un rétrécissement. De quoi s'agit-il ? Au-delà de la beauté des traits, de leur expression de détente, que captons-nous ?

La présence a plusieurs aspects : elle peut être physique, psychique ou spirituelle. Certains êtres dégagent une forte présence corporelle, d'autres exercent un ascendant par leur voix, leur regard et cet impalpable qu'on appelle le magnétisme.

D'autres encore émanent un charme qui les rend craquants et tellement agréables à côtoyer. Peu importe ce qu'ils disent ou ne disent pas, on les goûte et parfois on les mange littéralement des yeux.

Le magnétisme au premier degré relève de la notion de puissance, il s'agit d'exercer un certain pouvoir, le charme lui se trouve du côté cœur et nous ouvre à la gentillesse, à l'échange, au partage, il est davantage du côté d'Éros. Mais on sait bien qu'Éros et le pouvoir sont deux frères issus de la même mère. Au service de qui ou de quoi mettons-nous notre présence ?

On peut distinguer trois formes essentielles : la présence à soi-même, la présence à l'autre, la présence au Soi.

*La présence à soi-même* commence comme un art d'habiter son corps, une écoute de ses sensations, de ses besoins, une écoute de ses désirs de nourriture, de vêtements, de mode de vie, de mode relationnel, d'activité. Elle s'approfondit par cette question essentielle qui hante toute démarche de sagesse : Qui suis-je ? La périphérie et le centre, le comportemental et le centre de l'être, mes manifestations et ce qui m'anime. On voit des êtres qui sur le temps ont sculpté leur visage, esthétisé leur apparence. Leur âme est venue se poser sur l'extérieur.

*La présence à l'autre* est une écoute profonde, empathie, sympathie, dans la fusion ou dans la distance. Présence corporelle, présence psychique où parfois les corps sont magnifiés, ou semblent oubliés, semblent seulement car ils sont toujours là en langage d'inconscient.

*La présence au Soi* rejoint l'impersonnel et l'infini. Cet état procède de l'art de la concentration, et sur le plan du temps de l'art du présent, l'art de l'ici et maintenant, le tout couronné par l'art de la méditation qui n'est ni rebutant, ni triste, ni austère comme on le croit parfois.

### *L'art de la concentration*

Il existe une pédagogie de l'art de la concentration. Elle procède à la fois de la discipline du souffle et de la méditation. L'intérêt de la concentration, c'est d'être agnostique, destinée à la paix du cœur ou à l'action efficace. La concentration n'est pas une réflexion, elle ne permet pas de partir ailleurs mais de rentrer, en soi. La concentration n'a pas partie liée avec le pouvoir, même si les êtres qui ont du pouvoir dans le monde ont généralement de grandes facultés de concentration. Ils sont unifiés mentalement et exercent un ascendant sur leur entourage. La concentration est susceptible aussi de réveiller des facultés paranormales. Mais le véritable but est de produire un esprit clair, souple et lucide.

Fixer un objet, une flamme, un mur.

« Que l'on fixe un regard que rien n'arrête sur un horizon dénudé, sans arbre, sans montagne, sans mur ni autre obstacle et l'on deviendra libre de toute fluctuation. »

« Splendeur bhairavienne ! on y parviendra sur l'instant si, contemplant un ciel immaculé, tout son être immobile, on y plonge un regard sans défaillance. »

« Ou encore dans une nuit noire à l'approche de la nouvelle lune, que l'on évoque avec insistance l'essence ténébreuse [c'est-à-dire que l'on se concentre sur le noir de la nuit]. »

Tel est l'enseignement des 112 méditations tantriques ou *Vijnana-Bhairava* : comment glisser du dehors au dedans, du plein au vide, de l'extase à l'enstase.

« Si l'on concentre son regard sur un objet quelconque et qu'ensuite très lentement on l'en retire, la connaissance de l'objet ne subsiste que dans la pensée. »

La concentration visuelle accroît la puissance d'attention et la faculté de créer des images intérieures.

Se concentrer sur un point du corps, se concentrer sur le périnée, sur le nombril, sur le cœur, sur la gorge, sur le point entre les sourcils, sur la base du cerveau, sur le sommet du crâne, sur la langue.

La capacité d'être concentré dans la vie quotidienne commence par l'attention donnée au temps. Être présent à ce que je fais, là où je suis. Vivre consciemment. Guetter la totalité dans la moindre parcelle. Être vaste et concentré à la fois ; un paradoxe vivant.

Nous aspirons à la clarté, à la lumière, mais l'obscurité nous fascine, nous tient chaud. Nous voulons nous comprendre par une analyse psychologique, mais nous nous bornons à redistribuer les cartes de notre univers mental, nous ne remettons pas en question le mental lui-même. Or c'est le mental et ses bavardages qui font obstacle à la présence.

La sérénité véritable permet d'attendre calmement dans une file d'attente, de ne pas s'affoler quand on perd ses clés, de ne pas s'offusquer si quelqu'un blesse son amour-propre, etc.

Faire le plus attentivement possible tout ce que l'on fait.

Marcher, seulement marcher et vivre la totalité.

Marcher dans la nuit.

Manger, seulement manger, et vivre dans la totalité.

L'art sous toutes ses formes reste le moyen le plus direct et le plus merveilleux pour s'installer profondément en soi : écouter de la musique, peindre, regarder de la peinture, jouer de la musique, sculpter, écrire...

Vivre avec l'autre dans la fraîcheur et l'étonnement, sans vouloir le changer. Présent au corps de l'autre et à mon propre corps dans l'amour.

Présent à ce moment de passage entre la veille et le sommeil.

Présent à mes émotions.

Présent par l'exercice d'une conscience-témoin.

Jouant avec mes émotions comme le font les enfants qui les amplifient, les dramatisent pour mieux les ressentir.

### *Vivre la plénitude de l'instant*

Comment ramener notre corps et notre esprit dans l'instant présent ?

Nous sommes tous vivants, mais chaque fois que nous ne parvenons pas à toucher la vie dans le moment présent nous sommes aussi un peu moins vivants.

Le premier exercice qui permet de faire le lien corps/esprit est la respiration consciente. Être conscient de sa respiration et savoir toucher la vie en soi, c'est vivre la pleine conscience. Ce n'est pas compliqué et c'est gratuit, et pourtant pour la plupart des gens cela reste très difficile.

Petit exercice : inspirez et expirez consciemment trois fois puis touchez votre main gauche avec votre main droite en y mettant toute votre compassion. Lorsque la main gauche reçoit de l'attention et de l'amour, la main droite en reçoit aussi. Est-il possible de faire chaque geste avec attention et amour ?

J'inspire et je suis conscient d'exister, j'expire et je souris à l'existence. Tout l'univers conspire pour nous faire cette révélation.

Respirer est la meilleure façon d'arrêter les énergies négatives : on peut respirer assis, debout ou couché. J'inspire... dedans, j'expire... dehors

J'inspire et je me sens une fleur, j'expire et je sens la fraîcheur.

J'inspire et je me sens une montagne.
J'expire et je me sens solide.
J'inspire et je me vois eau calme.
J'expire et les choses se reflètent en moi.
J'inspire et je me vois espace.
J'expire et je me sens libre.

Quel a été le plus beau moment de notre vie ? C'est souvent un moment où nous avons été pleinement conscient et présent.

À chaque instant, je suis engagé dans la ligne du passé-présent-futur ; à chaque instant, je suis posé dans l'éternité sans fin ni commencement. Comment cultiver en moi ce paradoxe ? Comment faire marcher ensemble cerveau droit et cerveau gauche ? Quel est cet état qui me permet de sortir du temps et de donner à la présence toute sa dimension ?

Je ne pense plus, je ressens. Je ne suis plus une théière, je suis un bol, je reçois, je n'ai plus rien à donner, à montrer, je suis pure sensation. L'existence des mots comme extase, enstase et félicité montre que l'être humain peut entrer dans des états intérieurs d'expansion, de ravissement, de totalité. Tout se passe comme si le temps et l'espace se concentraient dans un corps de manière à la fois horizontale et verticale.

Cet état intervient spontanément lorsqu'une intensité de désir, d'amour, de beauté, de peur, de curiosité nous soustrait aux limites de notre moi. Nous sommes alors précipités dans le Soi. C'est ce que cherchent délibérément certaines méditations tantriques qui considèrent l'effroi, la surprise ou même l'éternuement comme de possibles entrées à une conscience modifiée.

Toutes les formes de méditation tentent d'ailleurs de faire sortir du fonctionnement du mental et des pensées, pour approcher un état à la fois vide et plein, vide de pensées et plein de présence.

La méditation active est d'abord respiration consciente. La respiration est le médiateur privilégié entre l'esprit et le corps. C'est par la respiration que nous accédons à des états de conscience modifiés. Plus la respiration devient consciente, plus le corps se détend, plus l'intérieur devient comme frais et repassé, plus les pensées s'éloignent comme des tribus de nuages pour laisser place au ressentir d'un vide plein, du sentiment de l'être. C'est au bout d'un certain temps de pratique qu'on accède à ce silence intérieur privilégié. À ce moment-là la sagesse trace en nous un sillon de joie inspiratrice et permanente.

En séminaire, le premier accès à cette dimension se fait par la pratique du ressentir. Au début l'exercice est volontaire, scolaire et pour certains rebutant. Il soulève de nombreuses résistances car il se fait seul. Les participants aiment recevoir des informations ou faire des exercices ensemble mais ils s'ennuient vite s'ils doivent respirer seuls dans la nature et ressentir. Du moins, c'est ce qui se passe au début car très rapidement la solitude des moments de ressenti devient pleine.

L'exercice consiste à s'identifier à une pierre, à un arbre, à un animal et à un humain. Tous les règnes sont ainsi concernés. Cette capacité à s'identifier est une grande richesse de l'être humain. Pour devenir la pierre, j'ai tendance au début à faire appel à mon imaginaire, mais la pierre est toujours d'un côté et moi de l'autre. Avec l'aide de la respiration dans le ventre, je persévère, je me projette dans la pierre, je deviens lourde et dense comme elle. Quand je deviens l'arbre, je m'enracine et je m'élance, verticalisé entre ciel et terre. Ne faire qu'un avec la fourmi peut me faire pleurer d'amour et, en m'unissant au soleil, je me sens source de lumière moi-même. Il s'agit de ne plus penser les choses mais de faire corps avec elles. La sensation d'unité, le fait de se sentir relié à tout ce qui existe n'apparaît parfois qu'une seule fois dans la vie, laissant une trace ineffaçable. Les mystiques témoignent de leur accès à cette expérience d'unité par instants privilégiés.

Mais on peut approcher cette dimension à l'intérieur de soi par un mouvement délibéré. De jour en jour, d'exercice en exercice, l'importance de cette attitude du ressenti face au monde fait son chemin et instaure une manière d'être.

Vivre en ressenti, c'est être présent comme une coupe et se remplir grâce à la théière que représente l'univers. Vivre en ressenti, c'est donner sa place au féminin de l'existence.

L'exercice s'affine encore avec la prise de conscience du rôle des jugements. Cet arbre est beau, cette femme est laide. Rouvrir ses jugements passe par le fait d'explorer des jugements contraires. Pour finir par ressentir sans jugement, ce qui est un moment de paix, de grâce, une voie pour l'amour inconditionnel, une voie d'ouverture aux forces de la Nature. L'immensité est en nous.

### *Être source et être centré*

Je suis source, je suis la source, je suis dans la source. La vie est une immense source jaillissante et j'ai conscience d'en faire partie, de participer à son origine. Cette sensation est très puissante et développe un sentiment de liberté, de force joyeuse et légère. Dans un moment de stress et de rétrécissement de la conscience, cette phrase – « Je suis source » – peut induire un changement radical. La petite conscience quotidienne se trouve ressourcée à la grande conscience. Une détente se produit dans tout le corps, une chaleur commence à circuler au niveau du ventre et de la poitrine. L'enfermement de la victime laisse place à l'espace du créateur. Les deux pôles du créateur et de la victime ne cessent de se renvoyer l'un à l'autre. Le sentiment de la source creuse le sillon de l'être entre ces deux pôles.

Autant le sentiment de la source évoque l'espace, autant le centre ramène au point car la présence est toujours paradoxale.

Se centrer, c'est revenir à soi, à son corps, s'habiter en conscience. Le centre est en même temps point et alignement. Il y a plusieurs centres d'énergie dans un corps humain et les traditions ne sont pas unanimes sur leurs chiffres. Nous retiendrons surtout les sept centres principaux du sexe, du hara, du plexus solaire, du cœur, de la gorge, du front et du sommet de la tête. Ces sept centres sont disposés de manière verticale et on peut parler d'un axe d'énergie qui relierait le sexe, le cœur et la tête. Apprendre à se réunifier subtilement sur cet axe tout en respirant consciemment apporte un grand sentiment de sécurité intérieure, d'harmonie et entraîne à une conduite juste. « On ne pense bien qu'en marchant », disait Nietzsche, on pourrait ajouter : on ne pense juste qu'en se centrant.

Tout se passe comme si, entre la pesanteur et la légèreté, cet axe représentait pour l'humain un canal d'allégement, de mutation, un chemin vers la grâce. Apprendre à devenir léger, à devenir un danseur de la vie, c'est une leçon constante et passionnante.

Quand est-ce que j'agis de manière centrée ? Cette expression fait allusion à une sagesse de comportement, à une voie du milieu dictée par la manière d'être présent à soi-même.

On pourrait dessiner la conscience comme une succession de cercles concentriques autour d'un point central qui représente le Soi inaliénable. L'équilibre de la vie intérieure demande de se rapprocher autant que possible de ce centre parce qu'il est la source de paix et de silence de l'être, un vide plein.

Tout dans notre civilisation tend à nous éloigner de ce centre et à nous maintenir comme prisonniers de couches extérieures. Sur le plan de la santé, ce déséquilibre se traduit par une fragilité physique ou psychique. Apprendre à vivre plus près de son centre constitue un retournement et une guérison dans sa manière de vivre, dans sa force et son plaisir à vivre. Centré comme un soleil.

### *Le cœur, centre de la croix*

Le corps humain pieds joints et bras ouverts forme une croix et le centre de la croix correspond au centre énergétique du cœur. Ce point n'est pas une abstraction mais une réalité psychosensorielle qui se manifeste par une chaleur, parfois par une douleur. En respirant sur ce point et en l'élargissant consciemment on perçoit des sensations d'ouverture.

Dans le sentiment amoureux, ce centre est particulièrement activé. L'amour pour une personne particulière produit un état de grâce qui peut se répercuter sur tout l'entourage. Dans la voie du cœur, on s'attache à entretenir volontairement ce qui se produit spontanément au moment de la rencontre.

Ainsi le poète cultive parfois l'état amoureux. En amoureux de l'amour, il tente d'inscrire une permanence dans les fluctuations des affinités électives et des désirs. La présence d'un soleil d'amour dans la poitrine devient indépendante des contingences d'une relation. Ce soleil est aimanté par la beauté où qu'elle se trouve, la nature, la bonté. Il est une plénitude qui part du dedans pour aller au-dehors et non l'inverse.

Dans cette capacité, on peut parler de retournement de l'être. L'amour de soi grandit, et la relation désormais ne sera plus vécue à partir d'un vide mais à partir d'un plein.

Pourtant, nous sommes tous des blessés d'amour, malades d'un manque d'amour et de reconnaissance. Collectivement et individuellement nous saignons et cette blessure nous décentre, nous désaxe. Nous tournons inlassablement sur le disque rayé de notre insatisfaction. Qui m'aimera, qui me fera naître à moi-même ? Aveuglément, je cherche dehors ce que je ne peux trouver que dedans. Le chemin du noyau de l'être est parsemé de monstres à affronter qui sont nos blessures d'amour accumulées depuis l'enfance. Comment tirer le fil du sens dans le labyrinthe de la vie ?

Tant que la blessure saigne, l'ego se renforce et le cœur se ferme comme un bourgeon gelé. Permettre à la blessure de se cicatriser, c'est d'abord lui apporter de l'attention pour accepter et accepter encore. Le mot accepter est inscrit au centre de la croix.

### *Cultiver la présence douce*

Le corps est construit d'une manière merveilleuse. Il est le réceptacle du mystère de la conscience et de l'amour. Plus nous revenons à lui, plus nous l'acceptons, plus nous le retrouvons, plus il nous montre la voie du bien-aimé intérieur et extérieur. Le feu du sexe est disponible dans notre corps pour venir irriguer le cœur et la glande pinéale, cet enfant-soleil. La connaissance tantrique de la jonction sexe-cœur-tête n'est pas sexuelle mais subtile. Elle n'exclut pas le sexe mais elle ne le privilégie pas non plus. L'être est sollicité dans sa dimension vibratoire, l'intériorité grandit, humide et sèche, fraîche et chaude, appel constant de l'immense douceur de la paix.

La présence douce, immanence du divin en l'homme, ou émanation d'une transcendance est comme un cristal d'amour né dans l'ombre de la terre et qui continue dans l'ouverture à générer la voie du milieu.

Se centrer sur un point de son corps.

Chaque fois qu'une pensée ou qu'un sentiment vient dans la pensée, dire mentalement « passé » ou « futur » selon les cas. Intensifier sa présence dans le présent. La sensibilité spirituelle a alors la possibilité de se développer.

Se donner un quart d'heure pour se laisser envahir sans raison par un état de joie...

Imaginer un paysage ou une musique et se laisser envahir par un sentiment d'émerveillement pendant une quinzaine de minutes. Cette disposition d'esprit se représentera alors dans la journée.

Ressentir que l'on est un enfant du divin et laisser surgir les émotions liées à cet état. Laisser faire la vie.

Se centrer sur le troisième œil, se centrer sur le cœur et laisser venir, laisser s'emplir un sentiment de présence.

À la porte de mon cœur frappe un mendiant d'amour et en même temps je porte en moi tous les trésors d'amour, de lumière et de liberté. Exilé de l'amour si souvent, si longtemps, je peux retrouver par instants la merveilleuse plénitude de l'être, ressentir comme une coulée de miel dans le ventre et le cœur, redevenir pleinement vivant.

Développer la plénitude de l'instant, l'art de vivre en pleine conscience.

Développer la présence aux cinq sens et vivre en expansion de conscience aussi souvent que possible.

Être la présence du divin en soi ou la présence de soi dans le divin.

## Pratique

Dans une assise confortable, respirez consciemment en favorisant l'expir, puis portez votre attention sur le troisième œil. Portez votre attention sur le fondement et visualisez, ressentez que l'énergie monte goutte à goutte de votre fondement à votre troisième œil. Puis vous vous stabilisez dans la sensation du troisième œil. Votre respiration devient douce et paisible. Vous portez votre attention sur le centre cardiaque et vous vous ouvrez comme une coupe. Vous respirez consciemment en vous élargissant. Vous adoptez une attitude réceptive. Vous laissez la coupe se remplir de joie. Vous sentez votre unité intérieure. Vous êtes comme habité par une présence plus dense.

Allongez-vous, étirez les bras et les jambes au maximum de ce qui est possible puis relâchez aussi complètement que possible. C'est comme un élastique que l'on tend et que l'on relâche. Faire une dizaine de respirations profondes. Pendant un quart d'heure créez un état de bien-être. Servez-vous d'un souvenir de paysage, de musique ou toute autre situation. Produisez comme une sensation de flottement et maintenez-vous dans cet état intérieur.

*Pour une éthique*
*de l'ardeur et de la force*

## *Juste avant l'aurore le ciel est très sombre*

Pour celui qui a délivré son esprit il reste encore à se purifier.

Les chercheurs se reconnaîtront dans ce retour en arrière. La régression apparente fait partie d'une évolution plus souterraine. Le déconditionnement à l'égard de la souffrance, le développement de la capacité extatique, le goût de la volupté, la réalisation de l'androgynie, le sens du présent, l'ouverture au subtil jusque dans ses cellules, tout cela ne saurait suffire pour s'établir dans une vivante sérénité. C'est Nietzsche à nouveau qui fera entendre sa voix et décrira le parcours de Zarathoustra pour aller chercher plus loin encore l'énergie du changement, l'enthousiasme du meilleur au sein d'une implacable lucidité.

Nous savons déjà beaucoup de choses. Tout est déjà là.

Et pourtant les fatigués de la vie sont vous et moi.

« Vous dont la vie est inquiétude et travail effréné

n'êtes-vous pas fatigués de la vie, n'êtes-vous pas mûrs pour la prédication de la mort[1] ? »

Toute cette mode, ce goût pour une activité fiévreuse, pour une course en avant, pour une consommation du nouveau cache le fait de mal se supporter soi-même, une fuite de la confrontation avec l'intériorité, et un désir de s'oublier. Il faut cultiver sa valeur intérieure pour accepter ce que le réceptif de la coupe a de vide avant d'être plein, savoir être paresseux et parfois savoir attendre.

Le même message refait surface. La gangrène sociale et collective entretient le mauvais amour de soi. Chacun court en avant de lui-même sans savoir où il va. Un masochisme occidental est à l'œuvre, « une tyrannie de la pénitence » (selon Pascal Bruckner qui semble nourri de la pensée nietzschéenne). Il faut une conscience aiguë des pièges collectifs, une volonté sans faille pour s'extraire d'un découragement qui mine souterrainement l'élan de vie.

Si partout résonne la voix de ceux qui prêchent la mort, c'est aussi que le monde est plein de ceux qui aiment qu'on leur prêche la mort. Une connivence circulaire fonctionne. Pour la casser, il est nécessaire de pouvoir affronter le vide en soi, la non-action, l'écoute intérieure, le plaisir de ne rien faire.

Il est un moment, des moments où le chercheur de vérité désespère de lui-même. Il ne fait que difficilement la jonction entre ce qu'il a été et ce qu'il devient. Plus il s'élève, plus il se sent seul, plus il est critique vis-à-vis de lui-même, moins il supporte ses imperfections et ses lourdeurs. À ce stade le chercheur est enchaîné : « Tu n'es pas libre encore, tu cherches encore la liberté. Tes recherches t'ont rendu noctambule et trop lucide. »

1. Sauf indication contraire, toutes les citations de ce chapitre sont empruntées à F. Nietzsche, éd. cit.

L'âme veut s'élancer vers les étoiles mais les chiens sauvages des instincts se manifestent et tentent aussi de se libérer. Une purification est nécessaire.

C'est ainsi que l'homme noble court le risque de perdre son espoir et de devenir cynique, destructeur, se contentant de petits plaisirs. Il peut abandonner la figure du héros, et devenir un jouisseur au sens restrictif du terme.

Monter et descendre. Plus l'homme « veut s'élever vers les hauteurs et la clarté, plus profondément aussi ses racines s'enfoncent dans la terre, dans les ténèbres et l'abîme, dans le mal ». L'élévation n'a de sens que pour celui qui connaît l'équivalence d'ombre et de profondeur. Plus on est capable de monter, plus on est susceptible de descendre, et inversement.

Ne plus mépriser le corps et la terre. Quand il est sain, le corps parle avec probité et pureté, il parle du sens de la terre. S'ancrer et respirer dans ses bases, redonner au corps toute sa place, marcher dans ses pensées pour qu'elles soient inspirées par le bon sens terrien. Celui qui est fidèle à la terre accepte d'être un passage et un déclin, travaille à la venue du surhomme. S'accepter soi-même n'exclut pas le fait de se vivre au service d'une cause globale qui dépasse l'individuel. Il manque souvent au développement personnel ce souffle du dépassement.

Le guerrier est aussi guerrier de la lumière. « Courageux, insoucieux, moqueur et violent – ainsi nous veut la sagesse : elle est femme et ne peut aimer qu'un guerrier. » Un guerrier n'est pas nécessairement un combattant mais quelqu'un de mobilisé pour l'action, qui ne s'est pas englouti dans le confort, qui n'accepte pas sa pesanteur.

Le guerrier a une éthique au sein même de ses luttes. Il nourrit du respect pour son adversaire. Lutter avec un adversaire digne de soi, c'est lui donner de la considération, de l'estime, ne pas l'attaquer lorsqu'il est à nu, à découvert et dans sa faiblesse. Respecter l'autre au plus fort du combat, c'est croire au gagnant-gagnant « Qui donne à manger aux affamés réconforte sa propre âme : ainsi parle la sagesse. » L'autre est comme une partie de soi, la générosité du don n'est qu'apparence. L'énergie qu'on délègue à l'autre revient vers soi pour nourrir et guérir. Quand les deux partenaires d'un couple ont compris cette loi du dépassement, un grand pas est accompli.

Le disciple préserve sa liberté, le maître préserve celle du disciple. « Il faut qu'un maître mette ses élèves en garde contre lui-même : cela fait partie de son humanité. » Laisser ses disciples libres de retourner à leur propre centre, les inviter à le faire alors même qu'ils désirent tourner autour de lui, tel est le véritable maître.

Avoir une pratique du rappel de soi. Il y a bien longtemps que je pense à cette technique qui consisterait à se munir d'une sonnerie qui instituerait un rappel de soi toutes les heures. J'ai trouvé quelqu'un de plus exigeant et qui propose tous les quarts d'heure.

« Se faire une règle d'aspirer une fois tous les quarts d'heure fortement et profondément (si possible en se couchant par terre à plat ; il faudrait alors se servir d'une montre qui sonne tous les quarts d'heure... celui qui veut guérir son âme doit songer à changer les plus petites habitudes. »

Le diable est l'esprit de lourdeur, efficacement combattu par le dieu qui dort en chacun, qui peut se réveiller et danser.

Même celui qui sait et qui a compris abrite en lui un être double, un dieu et un diable. À tout instant, veiller à faire triompher le dieu en soi.

Danser et célébrer la vie dans une gourmande sérénité.

### *Le message de Zarathoustra*

L'homme est quelque chose qui doit être surmonté.

Zarathoustra est un éveillé qui, après un long temps de solitude, redescend parmi les humains pour partager le miel qu'il a patiemment récolté. Ses mains sont comme deux soleils débordant de générosité. Il ne sert aucun idéal, ne vénère aucun Dieu, ne combat pas ses désirs et ses pulsions, sans pour autant s'adonner à la licence, se comporte au-delà de la chasteté ou de l'abandon à la volupté, il a vis-à-vis de la sexualité une forme de pureté, d'innocence. Il manifeste son amitié à ceux qu'il choisit. Il ne pratique pas ce qu'on appelle l'amour du prochain mais l'amour du lointain.

Zarathoustra n'exclut rien de ce qui est humain, il est ouvert au monde de tous les possibles. Il traverse les valeurs dominantes, il est en dépassement perpétuel par rapport aux vérités admises. Il se méfie aussi de lui-même, de son désir de trouver un havre de repos, de s'arrêter à une certaine vision. Il est à la fois le chameau qui porte le poids du passé, le lion qui détruit les « tu dois » et laisse la place à quelque chose de nouveau grâce à l'enfant, à son innocence dans le jeu. Zarathoustra incarne surtout la deuxième phase du lion qui taille en pièces les idées reçues ; car il y a du mensonge dans la vérité, de la folie dans la raison, de la haine dans l'amour et l'amitié, de la corruption dans la vertu.

Zarathoustra n'en cherche pas moins le grand oui

de midi, une « sainte » affirmation, un hymne à la vie. Il se veut à la fois prophète et bouffon, fossoyeur des belles idées, « celui qui toujours nie ». Il n'a rien d'un sauveur ou d'un créateur de doctrine, il refuse ses disciples et les renvoie à eux-mêmes. Il cultive et demande de cultiver le scepticisme, l'esprit de contradiction. Toujours en mouvement il est celui qui veut être surmonté. Au-delà d'un labyrinthe de négations, Zarathoustra transparaît dans la joie féconde de l'enfant créateur.

« Je voudrais donner et distribuer, jusqu'à ce que les sages parmi les hommes soient redevenus joyeux de leur folie et les pauvres, heureux de leur richesse. »

Dans cette invitation transparaît la générosité de celui qui se lance dans l'aventure de la création. Il confronte les contradictions pour leur faire exsuder un nouveau suc.

Zarathoustra se désigne comme la coupe, le réceptif qui entre dans l'action et accepte de se vider. Le prologue est un hymne au soleil, préfigurant ce que la démarche du sage a de solaire. L'eau dorée de la joie coule dans cette entreprise même s'il s'agit de descendre dans les profondeurs. Ses animaux totems sont l'aigle et le serpent, une puissance souterraine et une puissance céleste. Zarathoustra est un danseur, il s'est transformé, il s'est fait enfant et il s'est éveillé. Ces mots caractérisent la figure du sage. Sa folie consiste à vouloir parler aux hommes, à vouloir leur faire un présent.

Zarathoustra enseigne le surhomme, l'homme fait pour être transformé. Tel est bien le sens profond de toute démarche psychologique ou de développement personnel. Il ne s'agit pas pour autant d'aller vers un côté céleste ou une dématérialisation mais « de rester fidèle à la terre ». L'âme ne regarde plus le corps comme un empêchement, ils ont destin lié. Le surhomme vient remettre en question raison, vertu, bonheur, justice, péché.

L'image décisive est celle-là : « L'homme est une corde tendue entre la bête et le surhomme, une corde sur l'abîme. » Il y a donc bien itinéraire et passage, acceptation du danger et de la disparition.

Zarathoustra est un contempteur et un adorateur, il est prêt à se sacrifier à la terre. Il vit pour connaître, il travaille, invente, prépare à travers lui le visage du dépassement, un autre niveau de conscience et de vie. Il est sensible, même « une petite aventure » peut le faire périr, il ne laisse pas sa tête gouverner sa vie, sa tête sert « d'entrailles à son cœur ». Il se dépense sans compter et il accepte le déclin. Il sert de vase et de coupe à toutes choses et son âme déborde.

Le dernier homme est celui qui ne sait même plus discerner son incomplétude, qui se cantonne dans son petit bonheur tiède. La foule d'aujourd'hui veut ressembler au dernier homme, celui qui se contente d'un petit bonheur tranquille et sans danger. Et la foule plébiscite ce dernier homme au grand désespoir de Zarathoustra. Comme un sombre présage, le danseur de corde qui symbolise Zarathoustra vient s'écraser à ses pieds. Zarathoustra lui rend hommage car sa vie était placée sous le signe du danger. En chacun de nous, il existe un dernier homme plein de mollesse et de médiocrité, mais il existe aussi un danseur de corde qui prend le risque de tomber, de servir et de rencontrer la joie sublime.

Danseur, danseur de corde, mais aussi chanteur, Zarathoustra « alourdit de sa félicité » le cœur de ceux qui l'entendent. Ainsi est-il ardent et fort.

En chacun le Soi veut créer au-dessus de lui-même. Le corps participe à ce dépassement. Par lui se révèle le Soi. « Toujours le Soi écoute et cherche : il compare, soumet, conquiert et détruit. Il règne et domine aussi le moi. »

L'éveillé ne veut pas vivre sa vie comme une quête de sommeil couronnée de pavots : « Joie enivrante et oubli de soi. » Laisser s'engourdir le corps c'est aussi permettre au Soi de s'engloutir.

Zarathoustra n'aime pas les hommes dits bons qui vivent contents d'eux-mêmes, il se définit comme un garde-fou mais surtout pas une béquille.

Écrire avec son sang, être lu par des créateurs et non des lecteurs passifs.

Tout se passe comme si les derniers hommes et les hommes bons étaient empêtrés dans la toile d'araignée que les croyances religieuses ont tissée. Toute la morale en est colorée. L'homme noble, lui, doit porter haut l'étendard de son espoir. Les prédicateurs de la mort se nourrissent de la souffrance et tous les fatigués de la vie sont mûrs pour entendre leurs paroles. Seuls les guerriers de la connaissance peuvent préparer la sainteté de la connaissance. Ils comprennent que si la révolte est la noblesse de l'esclave, leur noblesse de guerrier est l'obéissance à la loi de la vie. « Ainsi vivez votre vie d'obéissance et de guerre », exhorte Zarathoustra.

« Une vie libre reste ouverte aux grandes âmes. »

### *Le toi est plus vieux que le moi : fuis ton prochain et aime ton lointain*

« Ressemble de nouveau à l'arbre que tu aimes » : le symbole de l'arbre revient souvent chez Zarathoustra. C'est loin de la place publique et de la gloire que se passe ce qui est grand. Il faut fuir les mouches venimeuses et cultiver la solitude, là où souffle un vent fort.

L'amitié n'est ni pour l'esclave ni pour le tyran. Qui est capable d'amitié sinon le créateur ? Plus le créateur se transforme, plus il change les valeurs. La notion d'individu est une jeune création. Le « plaisir du troupeau est plus ancien que le plaisir de l'individu. Et tant que la bonne conscience s'appelle troupeau, la mauvaise conscience dit moi ». Le bien et le mal sont comme un monstre à mille têtes. Qui va terrasser ce monstre ? Il faut apprendre à penser par soi-même.

L'amour du prochain ne serait-il pas le mauvais amour de soi ? « Le toi est plus vieux que le moi. »

« Vous ne pouvez pas vous supporter vous-même et vous ne vous aimez pas assez : c'est pourquoi vous voudriez séduire votre prochain pour qu'il vous aime et, par son erreur, vous donne un éclat doré. »

Pour penser du bien de soi, on invite souvent quelqu'un dans son théâtre personnel et on le conduit à donner une réplique favorable. Toute la vie à deux, toute la conception de l'amour est grevée par cette démission de soi.

Zarathoustra n'enseigne pas le prochain mais l'ami, pas l'amour du prochain mais l'amour du lointain.

Le créateur, l'homme libre est celui qui peut se fixer à lui-même sa propre loi du bien et du mal, être son propre juge : « Es-tu une force nouvelle et un droit nouveau ? Un premier mouvement ? Une roue qui roule d'elle-même ? Peux-tu forcer les étoiles à tourner autour de toi ? » Ce créateur dérange. Il change et il contraint les autres à changer d'avis sur lui, il passe, il est déjà ailleurs. Les autres ne lui pardonnent pas ce côté insaisissable, ce changement d'étiquette. Pourtant l'ennemi le plus dangereux reste soi-même. Le créateur est aussi le solitaire et l'amant, celui qui s'aime et pourtant se méprise. Ainsi va la contradiction de celui qui veut créer plus haut que lui-même.

À l'égard de l'attaque une grande vérité se fait jour : « Il est plus noble de se donner tort que de garder raison surtout quand on a raison. » Le côté le plus infantile de la nature humaine s'accroche au fait d'avoir raison. Celui qui est capable d'assumer cette identité négative, « J'ai tort » – même quand il a raison –, celui-là est véritablement libre. Appliquer cette maxime suppose d'avoir traversé en partie son ego et permet de dépasser le conflit et l'attaque. Pour vivre à deux, pour prétendre aimer, pour travailler en équipe il faut avoir compris et être capable de vivre cette révélation. Encore et toujours ne pas rester prisonnier de son ego, de son image narcissique, de sa peur de l'autre. Qui sait combien l'amour n'est souvent qu'une « métaphore extasiée et une douloureuse ardeur », une courte folie et une longue sottise. Aimer par-delà soi-même, apprendre à aimer. La rencontre d'un homme et d'une femme peut-elle garder intacte la soif du créateur ?

Apprendre à aimer, apprendre à recevoir et à donner. « Luisant comme de l'or est le regard de celui qui donne. L'éclat de l'or conclut la paix entre la lune et le soleil. » La vertu qui donne est insatiable dans ce don comme dans son désir de recevoir. Il y a un égoïsme sain et un égoïsme malade d'envie qui dit tout pour moi. Par-delà la louange ou le blâme, le créateur évalue, aime, il crée une source nouvelle, un nouveau « bien et mal ».

Une image représente cet état : « un soleil d'or et autour de lui le serpent de la connaissance ».

### *La sagesse du corps*

« Le corps se purifie par le savoir... pour celui qui cherche tous les instincts se sanctifient ; l'âme de celui qui est élevé se réjouit. » C'est ainsi qu'il devient à lui-même son propre médecin et qu'en s'aidant lui-même, il peut en aider d'autres. « Il y a mille sentiers qui n'ont jamais été parcourus, mille santés et mille terres cachées de la vie. » Beaucoup de possibilités s'offrent à ceux qui pratiquent en direction de la terre, qui ne s'évadent pas dans le céleste. Ces défricheurs, ces solitaires, formeront un jour un peuple. « Vous qui vous êtes choisi vous-mêmes, vous devez former un jour un peuple choisi – et c'est de ce peuple que naîtra le surhomme. » C'est un homme de conscience que Nietzsche appelle de ses vœux mais un homme de conscience qui aime la vie et le corps, qui se laisse guider par la sagesse du corps.

Cet homme ne peut pas être un disciple, il doit assumer encore et toujours la solitude de ses choix. Entre la bête et le surhomme, il est l'enfant de la seule espérance, un chemin du soir qui mène à un nouveau matin. Ce langage retraduit le chant de l'être en nous qui a pressenti depuis toujours une éclosion possible.

Peut-être cet homme ne sera que l'ancêtre ou le père du surhomme, mais l'important, c'est qu'il apporte sa pierre dans cet édifice. « Créer c'est la grande délivrance de la douleur et l'allégement de la vie » : la direction est donnée. Le créateur est à la fois celle qui enfante avec les douleurs qui l'accompagnent et l'enfant nouveau-né. La voie de la liberté passe aussi par la volonté. « Vouloir affranchit. » Il s'agit de vouloir le surhomme, de le porter en soi comme un but, d'en sculpter l'esquisse, d'accepter de frapper fort avec le marteau même si la pierre se morcelle. Vouloir atteindre le maître en soi.

Ce que Nietzsche a tant rêvé, notre époque le poursuit presque malgré elle et malgré les récessions. Devenir le créateur de soi-même, cette formule se popularise et se popularisera encore longtemps. D'une certaine façon, la libération des individus devient rentable, elle sert la cause économique. Une personne ouverte aux possibilités consomme avec plus d'exigence de qualité. C'est peut-être là la chance de la conscience. L'économie de marché laisse passer cette émergence parce qu'elle y trouve son profit. Par un retournement de situation, sera-t-elle amenée un jour à renoncer à son hystérie de croissance quantitative ? Ne parle-t-on pas aujourd'hui des créatifs culturels, tous des acteurs de changement dans un domaine ou dans un autre de l'écologie à la connaissance de soi, encore dispersés mais formant déjà une masse critique qui peut influencer le global ? Leur mot d'ordre : penser localement et agir globalement. Six pôles de valeur se trouvent réunis : l'écologie, la place du féminin, l'être plutôt que le paraître et l'avoir, le développement personnel, la spiritualité, l'implication sociale. Leur refus est celui d'un modèle de société fondée sur la compétition, l'argent, la célébrité et le pouvoir sur autrui [1].

1. *Les Créatifs culturels en France*, éditions Yves Michel, 2007.

### *Apprendre à mieux se réjouir*

Le créateur est celui qui ferme « par amour la main ouverte » et garde « la pudeur en donnant ». Savoir ne parler qu'à celui qui désire entendre, ne donner qu'à bon escient. Qu'est-ce qui est le plus juste ? Faut-il donner à ceux qui souffrent ou apprendre à mieux se réjouir ? Apprendre à mieux se réjouir permet de désapprendre à faire du mal aux autres.

C'est là une maxime essentielle. La frustration rend dangereux, l'être blessé devient blessant. Voir souffrir quelqu'un, lui apporter son aide, c'est parfois aussi blesser sa fierté. Prendre et donner avec conscience.

« Je m'offre moi-même à mon amour et mon prochain tout comme moi », ainsi parle le créateur. Aime-toi toi-même et tu aimeras les autres. C'est le mauvais amour de soi qui conduit à la méchanceté envers les autres.

La tête froide et le cœur en ébullition, tel est le signe distinctif d'un sauveur, mais le chemin de la liberté demande quelqu'un de plus grand qu'un sauveur.

Le créateur est fatigué des mots comme récompense, représailles ou punition ou vengeance.

Parce que tout est vulgarisé par la canaille, il faut voler au plus haut pour trouver un peu d'air pur, et « la fontaine du plaisir ». « La vie est une source de plaisir mais partout où la canaille vient boire, toutes les fontaines sont empoisonnées. »

Car les hommes ne sont pas égaux dans leur devenir vers le surhomme, il y a des degrés et de l'opposition. Les prédicateurs de l'égalité, Nietzsche les appelle des tarentules, des araignées venimeuses qui injectent un poison de mort dans la civilisation, qui agitent le drapeau de la vengeance : méfiez-vous des bons et des justes qui s'appellent eux-mêmes ainsi.

Le créateur est seul et parfois sa solitude lui pèse.

Le chant de la nuit est le chant nostalgique de celui qui donne : « Ô misère de tous ceux qui donnent ! ô obscurcissement de mon soleil ! ô désir de désirer ! ô faim dévorante dans la satiété », ce chant amoureux traverse la solitude en cherchant les larmes et le duvet du cœur.

« Ma pureté me dit un jour : Pour moi tous les êtres doivent être divins. » La divinité intérieure, il n'est question de rien d'autre dans toute l'œuvre de Nietzsche. « Tous les jours doivent être sacrés pour moi », cette haute exigence d'une joyeuse sagesse ne le quitte pas.

Tout le vivant est animé de la volonté de puissance, même dans l'obéissance du plus faible. Le sacrifice, le service, l'obédience sont autant de comportements de puissance indirecte. Tout vouloir conduit au maître. Le sage doit être capable de briser des valeurs pour en construire de nouvelles.

Les hommes sublimes ont « vaincu des monstres et deviné des énigmes », mais il leur faut apprendre à s'élever et à transformer ces monstres en enfants divins. Apprendre à sourire à la beauté, transformer la puissance en grâce. S'élever toujours plus finement et plus solidement comme une colonne, plus dure et plus résistante intérieurement. Combien d'hommes extraordinaires dans un domaine ou l'autre s'arrêtent à la porte du divin en eux !

Les hommes actuels ne sont souvent que des caricatures sans consistance, revêtus des oripeaux multicolores de la culture.

Les contemplatifs de l'immaculée connaissance sont de faux purs, des hypocrites sans innocence et sans joie, qui avancent masqués, en reniant le désir qu'ils ont des choses terrestres. « La mer veut être baisée et aspirée par le soleil ; elle veut devenir air et hauteur et sentier de lumière, et lumière elle-même. » Cet amour de la vie est inséparable de l'œuvre de Nietzsche et traverse tout le texte de Zarathoustra

Les savants n'ont pas davantage le sens du surhomme, parce qu'ils sont pusillanimes, qu'ils regardent vivre les autres et se nourrissent d'eux.

Les poètes se réfugient dans le pays des nuages et rêvent entre le ciel et la terre. En eux, le superficiel l'emporte. Ils se nourrissent de volupté et d'ennui. Ils ont besoin de spectateurs. Leur esprit reste coloré de vanité.

Les révolutionnaires, ceux qui comme le chien de feu font beaucoup de bruits et de fumée, mentent sur le cœur de la terre. Car « le cœur de la terre est d'or ».

Quel que soit le danger d'être contaminé par la tristesse et la fatigue de vivre du sombre devin, le pouvoir d'affirmation de Zarathoustra demeure. L'avènement de la conscience du surhomme, l'évolution de l'humanité sont le sens de la vie.

« Visionnaire, volontaire, créateur, avenir lui-même » et pourtant infirme, ainsi se définit Zarathoustra et avec lui l'avenir de l'humanité. Poète, devineur d'énigmes et rédempteur du hasard, il transforme ce qui était en « je veux que cela soit ». Le libérateur de la joie enseigne la volonté créatrice.

### *L'horloge de ma vie respire*

L'étrangeté abyssale de la vie saisit parfois d'épouvante Zarathoustra. Pour ne pas mourir de soif au milieu des hommes, sa sagesse l'amène à boire à tous les verres et parfois à se laver avec de l'eau sale pour rester pur. Il ménage le vaniteux qui a plus de modestie qu'il ne croit puisqu'il a besoin de l'autre pour croire en lui. La méchanceté des hommes est plus grande qu'on ne le dit. Zarathoustra lui-même apparaîtrait aux hommes bons comme un démon.

Pour vivre parmi les hommes, il faut accepter de se travestir et de se méconnaître soi-même et les uns les autres. En tant que pont vers l'avenir, Zarathoustra assume toutes les lourdeurs d'hier. Il a pourtant une sagesse ensoleillée où le surhomme baigne avec plaisir sa nudité. Quand parle « l'heure la plus silencieuse », le cœur de l'être donne l'injonction de solitude : « l'horloge de ma vie respire ». Zarathoustra a désappris d'obéir, il doit désormais apprendre à commander.

« Je suis un voyageur », dit-il. Tout ce qu'il fait est voyage sans retour en arrière possible, il entame son parcours le plus solitaire, plus bas qu'il n'est jamais monté. Il affronte l'esprit de lourdeur, « moitié nain, moitié taupe, paralysé, paralysant, versant du plomb dans mon oreille ». Il fait appel au courage qui attaque. Il commence à formuler la pensée de l'éternel retour. « Et cette lente araignée qui rampe au clair de lune, et ce clair de lune lui-même et moi et toi, réunis sous ce portique, chuchotant des choses éternelles, ne faut-il pas que nous ayons tous déjà été ici... qu'éternellement nous revenions. » C'est au nain qu'il revient, la formule incisive, décisive : « Tout ce qui est droit ment... toute vérité est courbée, le temps lui-même est un cercle. »

Ayant surmonté sa douleur d'avoir quitté ses amis, Zarathoustra ressent de l'allégresse : « Les parcelles de bonheur qui sont encore en route entre le ciel et la terre se cherchent un asile dans les âmes de lumière... le bonheur a rendu toute lumière plus tranquille. » Zarathoustra tente d'éloigner de lui cette « béatitude involontaire », il veut s'offrir à la plus profonde douleur. « Il faut que je me réalise moi-même : c'est pourquoi je me dérobe maintenant à mon bonheur. »

Avant le lever du soleil, Zarathoustra rencontre son double divin, il est devenu celui qui bénit et affirme, même s'il a dû longtemps lutter : « être au-dessus de chaque chose comme son propre ciel... Un peu de sagesse est possible ; mais j'ai trouvé dans toutes choses cette certitude bienheureuse : elles préfèrent danser sur les pieds du hasard », délivrées du hasard et du but.

Il reste cependant solitaire au milieu de tous, il souffre de la petitesse de l'étroitesse et de devoir se courber devant les « petits ». Il est lucide devant les hypocrisies : « Celui qui loue fait semblant de rendre ce qu'on lui a donné, mais en réalité il veut qu'on lui donne davantage. » Il enseigne inlassablement à être de ceux qui peuvent vouloir et de ceux qui s'aiment eux-mêmes.

Zarathoustra est l'homme des clairs silences, des longs silences illuminés. Il préfère la pauvreté et le froid, il cache son bonheur et ses pieds chauds qui courent dans les montagnes n'ont pas besoin de chambre chauffée. Il se moque de la compassion qu'il suscite. Il se cache comme quelqu'un qui a avalé de l'or et qui craint qu'on lui ouvre l'âme.

Un fou, le singe de Zarathoustra, déverse tous ses jugements négatifs sur la grande ville, mais Zarathoustra refuse ce discours comme une parole nuisible parce que celui qui la prononce ne l'applique pas à lui-même. Il faut savoir passer son chemin quand on ne peut plus aimer et non pas accumuler les paroles malveillantes et nauséabondes. Autour de Zarathoustra, les compagnons qui sont aussi des croyants ont tôt fait de tourner casaque : « Nous sommes redevenus pieux. » Mais Zarathoustra a le cœur plein d'allégresse car il retourne dans sa caverne.

## *S'attendre soi-même*

Il se sentait abandonné parmi les hommes, il retrouve sa solitude aimée. Les hommes demandent trop qu'on les ménage. La solitude est comme une patrie bienheureuse et tendre où tout ce qui « est » s'exprime et devient. Le sage respire mieux en dehors de toute présence et il peut écouter le bienheureux silence. Dans les villes, les épiciers sont capables de couvrir par le bruit des gros sous, les sons de cloche de la sagesse. Les ménagements et la pitié sont des pièges pour le sage. « Celui qui voudrait tout comprendre chez les hommes devrait tout prendre. »

Le sage doit se méfier de son désir de comprendre, d'aimer les hommes, car ainsi il se méconnaît lui-même.

Après un rêve matinal où il a soupesé le monde dans ce qu'il a d'humainement bon, Zarathoustra s'est mis à peser trois grands maux ou désignés comme tels : la volupté, le désir de domination, l'égoïsme.

La volupté est maudite par les hallucinés de l'arrière-monde, les maîtres d'erreur et d'errance ; consumante pour la canaille, innocente pour les cœurs libres, poison pour les flétris, cordial pour ceux qui sont animés de la volonté du lion.

La volupté est une félicité qui alimente l'élévation. Volupté à protéger pour que les cochons et les exaltés ne la salissent pas.

Le désir de dominer est comme un fouet cuisant, comme un frein méchant, comme un tremblement de terre qui bouscule tout, comme un regard qui fait ramper l'homme, comme un maître terrible qui enseigne le grand mépris. Mais il est aussi « ardent comme un amour qui trace sur le ciel d'attirantes joies empourprées ». Désir de dominer enfin chez celui qui veut descendre sa sagesse parmi les hommes. Mais le mot désir est impropre et se trouve remplacé par « vertu qui donne »

Le bon, le sain égoïsme est l'expression d'une âme puissante unie au corps comme celle du danseur. Sa manière de se protéger écarte ce qui est méprisable : la lâcheté, la plainte, la méfiance, l'obséquiosité, ceux qui supportent tout sans se défendre, les victimes, la servilité, les créatures fausses, la sagesse fausse, les désintéressés. De l'esprit de lourdeur, Zarathoustra se dit l'ennemi : « La vie est lourde à porter. » Tel est le message transmis aux enfants et qui les écarte de pouvoir s'aimer eux-mêmes. L'esprit de lourdeur fait mentir l'esprit à propos de l'âme, rend tout difficile, permet l'existence des contents de soi et contents de tout, des cracheurs et des baveurs, des parasites (la bête la plus répugnante), des bêtes féroces et des dompteurs de bêtes féroces, de ceux qui attendent.

Zarathoustra a appris à attendre, mais à s'attendre lui-même. « Qui veut apprendre à voler un jour doit apprendre à se tenir debout, à marcher, à courir ; à grimper et à danser : on n'apprend pas à voler du premier coup ! »

Essayer et interroger les chemins, construire son chemin. « Cela est maintenant mon chemin ». Où est le vôtre ? Car *le* chemin n'existe pas.

Le bien et le mal doivent être réévalués par le créateur qui donne sens et but à la terre, ce qui demande de tourner le dos aux sauveurs, aux saints, aux maîtres de vertu et même aux poètes, et Zarathoustra est encore un poète.

Patient et lucide avec soi-même.

### *La sagesse sauvage*

La sagesse sauvage de Zarathoustra l'emporte dans un vol « frémissant comme une flèche, à travers des extases ivres de soleil », au pays des dieux dansants, là où se conjuguent une éternelle fuite de soi et une éternelle recherche de soi chez les dieux nombreux, comme une bienheureuse contradiction de soi. L'esprit de lourdeur a créé la contrainte, la loi, la nécessité, la conséquence, le but, la volonté, le bien et le mal qui sont autant de choses sur lesquelles il faut danser et passer.

Car telle est la vie intérieure : danser sur l'esprit de lourdeur.

Pourquoi Zarathoustra veut-il retourner auprès des hommes ? Pour donner. « C'est du soleil que j'ai appris cela, quand il se couche, du soleil trop riche : il répand alors dans la mer l'or de sa richesse inépuisable... » Semblable au soleil, Zarathoustra lui aussi veut disparaître et fusionner.

Zarathoustra fait partie des premiers-nés, des défricheurs. Comme tel, il porte encore en lui le vieux prêtre idolâtre qui se prépare à faire un festin de ce qu'il y a de mieux en nous. La destruction et le reniement de soi sont au cœur de chacun comme un ver dans le fruit. Zarathoustra accepte d'être sacrifié à plus grand que lui. Il appelle de ses vœux les briseurs de vieille table et le vent du dégel. Une nouvelle noblesse qui délivre le passé en découvrant le pays inexploré de l'avenir.

Attention aux hommes faibles qui se perdent sur leur chemin, attention à leur servilité. La volonté délivre, elle est créatrice. Attention à « la vermine des gens cultivés qui se nourrissent de la sueur des héros ».

Attention aux parasites, les âmes à longue échelle attirent les parasites. Vastes et aventureuses, elles jouent du hasard et de la nécessité, elles sont le désir et le vouloir du devenir, elles se fuient et se rejoignent.

Quand quelqu'un ne parvient pas à voler, il peut être salutaire de le pousser à tomber plus vite. Mais on peut aussi s'abstenir et passer, se retirer dans la solitude de la forêt et ne pas s'attaquer à des causes médiocres.

Un jour sans danser et rire est un jour perdu. Une vérité qui n'est pas drôle porte l'erreur.

*Le surhomme et l'éternel retour*

Le surhomme est dur, comme le diamant, il ose couper et inciser pour pouvoir créer, soleil et implacable volonté de soleil. Mais une révélation le terrasse : « Tout va, tout revient, la roue de l'existence tourne éternellement. Tout meurt, tout refleurit. » Zarathoustra est le prophète de l'éternel retour des choses. « Nous avons déjà été là une infinité de fois et toutes choses ont été avec nous. »

Le désir infini de la plénitude jette un regard à travers le ciel souriant du regard, ainsi s'exprime le chant de l'âme qui a parfum de l'avenir.

« La douleur dit : Passe et finis ! Mais toute joie veut l'éternité, la profonde éternité ! » Le oui à la vie n'a jamais été plus profond.

Toutes les paroles mentent pour celui qui est léger. Il ne faut plus parler mais chanter : « Ô comment ne serais-je pas ardent de l'éternité, ardent du nuptial anneau des anneaux, l'anneau du retour ?... Car je t'aime ô éternité ! » Nulle acceptation n'est plus profonde.

Le sage ne cherche pas le bonheur mais l'œuvre qui le fera contribuer au devenir. Dresseur, éducateur du « deviens qui tu es » : Mais quand le sage boit une goutte de bonheur, tout se tait. Ce qu'il y a de moindre, de plus silencieux, de plus léger, le bruissement d'un lézard dans l'herbe, un souffle, un clin d'œil. Un bonheur doré. Un silence qui tombe dans le puits de l'éternité. Une balle ronde et dorée. Une goutte de rosée. « Quand absorberas-tu ton âme en moi ? »

Zarathoustra est le dépositaire d'une volonté haute et forte, la plus belle plante de la terre.

Celui qui veut monter se sert de ses propres jambes et ne s'assied pas sur le dos de l'autre. Il place autour de lui des choses bonnes, même petites, et guérit son cœur à leur « maturité dorée ». Apprendre à espérer dans la compagnie des choses parfaites.

Savoir rire, savoir danser, marcher comme on danse et même se tenir sur la tête.

Zarathoustra le danseur, le léger, le devin, le rieur ni impatient, ni intolérant, celui qui agite ses ailes prêt au vol et qui se place droit sur ses jambes, fou de bonheur, place sur sa tête la couronne du rieur. Il ne cherche pas le royaume des cieux mais le royaume de la terre. « La joie est plus profonde que l'affliction. » La joie se veut elle-même, la souffrance veut des enfants, la douleur veut passer, la joie veut l'éternité. Zarathoustra ardent et fort. Chacun de nous ardent et fort.

Ainsi nous a parlé Nietzsche à travers Zarathoustra, décrivant les errances et les étapes d'un chemin vers soi-même, dans la hauteur et la profondeur du symbole, dans l'espace du langage de la métaphore. Nulle description psychologique ne saurait être aussi féconde, aussi porteuse d'énergie. Ainsi l'horizon est-il dégagé, pour que la sérénité soit joie et ouverture.

LES ENNEMIS DE LA SÉRÉNITÉ

Le manque de vie intérieure.
La fuite de soi.
Le manque de vision globale.
La fascination de la destruction.
S'élever et creuser : le vertige de la descente.

LES AMIS DE LA SÉRÉNITÉ

Rester libre.
Habiter le présent.
Refuser la pesanteur.
Pratiquer le jeu.
Éviter le déplaisir.
Aimer le plaisir.
Voir loin.
Cultiver le troisième terme.
S'aimer soi-même.
Danser et rire.
Devenir un créateur.
Faire éclore l'androgyne en soi.

# *Épilogue*

« Question : je ne réussis pas à croire que j'atteindrai un jour un point où je serai complètement libéré de mes problèmes.

Réponse : Vous avez raison. Vous ne pouvez jamais atteindre ce point parce que vous y êtes déjà. Le salut n'existe pas dans le temps. Vous ne pouvez être libre dans le futur. Puisque la clef de la liberté c'est la présence vous ne pouvez être libre que dans l'instant présent. »

Eckart Tolle,
*Le Pouvoir du moment présent.*

Comment ramener notre corps et notre esprit dans l'instant présent ? Tout est question de pratique, de foi et de pratique, de pratique et de foi. Être vigilant et disponible. Être pleinement vivant, c'est habiter l'instant avec son corps, être à l'écoute de la merveille d'exister. Peut-être n'y a-t-il pas d'autre clef que celle de respirer consciemment le plus souvent possible dans une journée et savoir se réjouir d'exister. Où est la joie ? Elle est en moi, toute prête à surgir en premier plan alors que le plus souvent je la laisse à l'arrière-plan et je la recouvre de couches d'inquiétudes fabriquées par mon mental. Elle est moi.

Êtes-vous de ceux qui pensent à toucher les arbres, à les entourer de vos bras, à respirer avec eux ? Si vous leur donnez cette présence, ils vous le rendront en stabilité et en paix.

Nous sommes tous des affamés dans une partie de nous-mêmes, des affamés qui ne savent pas manger la nourriture offerte, qui ne sont pas capables de se remplir de la beauté de la vie. Dans cette partie de nous-mêmes, nous voulons nous oublier, par toutes les drogues possibles, toutes les formes d'abrutissement et de décentrage.

Dans une autre partie de nous-mêmes, nous sommes des bouddhas vivants, nous accédons à une conscience pleine et, si nous tournons notre attention vers cet aspect, nous sommes capables de développer cette petite pousse.

Comme c'est étrange ! Je suis toujours celle qui sait et celle qui ne sait rien. J'ai la même passion d'apprendre et pourtant je ne sais rien.

### *Le serpent se mord la queue*

La fécondité de ce titre, *Gourmande sérénité*, n'en finit pas de se développer. La sérénité s'alimente de gourmande ouverture, la gourmandise heureuse est affaire de sérénité.

Une sérénité coupée du désir serait éloignée de la vie jusqu'à l'asymptote d'une disparition et une gourmandise livrée au désordre d'une passion dévorante perdrait toute mesure. Dans une voie du milieu, l'opposition cesse, instaure un troisième terme, une appétence centrée, une réjouissance éclairée de sagesse, un amour de la vie au service de la vie, une manière écologique de prendre et de donner en sachant apporter et délivrer sa lueur unique.

Une éthique de la voie du milieu se pratique au jour le jour et consolide sans cesse son enracinement pour mieux faire éclore sa fleur.

Le plaisir d'offrir et de perpétuer la vie à travers cette offrande est plus fort que le plaisir de consommer et d'accaparer. La peur du manque a ses limites. La générosité est enthousiasmante.

L'homme noble, l'homme de conscience, le créateur conjoignent leurs vertus pour instaurer une nouvelle éthique débarrassée des vieilles peaux des devoirs, des soumissions, des culpabilités, des haines de soi, des fuites en avant ou en arrière, des pléthores mentales.

L'homme de l'avenir en chacun d'entre nous joue et danse sur les apparences, et sa générosité est comme celle du soleil, débordante de naturel, inhérente à sa nature. Il nous faut aller la chercher en nous, elle se cultive patiemment au jour le jour. Elle est à la fois notre seule sécurité dans l'amour, notre seule certitude, elle s'incarne au présent et elle ne promet rien. Elle est toujours là et demande sans cesse notre attention pour se manifester. Comme une greffe à entretenir. Généreuse sérénité de Zorba le Bouddha.

Peut-on dire que la greffe prend à un moment donné ? Oui, quand la personnalité est contaminée à plus de 50 %, quand mon besoin se met au service du Soi, quand je me résume à un seul désir.

À mon seul désir : tel est le message de la licorne et celui du tantra. Désir de vivre la plénitude ronde de la conscience seul ou ensemble.

Ne sous-estimons pas le conditionnement forgé par

des siècles de civilisation, formaté par la lutte de pouvoir et la relation dominant-dominé. Notre chance vient de ce que l'accaparement et l'avidité ont montré leur limite, le plaisir de consommer ne rejoint pas, loin s'en faut, le plaisir de créer et celui de donner. Les victimes, les esclaves de la domination puis ceux de la revendication s'apercevront vite du leurre. L'argent ne donne pas accès au bonheur promis même s'il permet de relever momentanément la tête et d'examiner l'horizon. Le bien-être est une promesse fallacieuse tant qu'il n'est pas accompagné d'une vigilance et d'une discipline.

Pour autant, les étapes sont sans doute incontournables. Ceux qui n'ont rien veulent avoir, ceux qui ont se vautrent quelque temps dans la facilité jusqu'à la nausée, certains accèdent au rayonnement d'une créativité, s'affirment et se donnent. Ceux-là construisent un chemin d'assainissement et rompent avec les cercles vicieux de la maladie des corps, de l'ennui, de la fuite dans le virtuel, de la grossièreté, de la méchanceté, de la folie destructrice, du conflit, de la guerre et de la haine de soi.

Il n'y a pas d'accès au bonheur en dehors de l'affinement de soi. Même développer ses muscles ou son cerveau jusqu'à l'excellence peut s'avérer un leurre, une fuite tant que le chemin d'une confrontation intérieure ne s'amorce pas. Personne ne peut impunément se maintenir dans la périphérie. L'appel de l'essentiel est incontournable.

Certains iront jusqu'à épuiser leur vitalité, jusqu'à leur dernier souffle avant cette confrontation, mais ils l'auront espérée toute leur vie.

Assoiffés, affamés d'essentiel et tournant obstinément loin du Soi. C'est cette folie qui amène toutes les déviations, les exploitations, les destructions et les conflits. Toujours plus d'intensité pour se distraire de cette douleur, de cette insignifiance.

*Personnel, impersonnel : jour de naissance*

Quel est ce génie, ce dieu qui est en moi, ce dieu que parfois, l'air vague et égaré, je cherche en portant ma main sur mon front. Quel est ce vaste, cet impersonnel qui ne cesse de m'appeler avec obstination et exigence alors que le petit moi tente de fuir et de se réfugier dans ses activités anodines. Quand je refuse les injonctions de ce dieu parce qu'elles me semblent déraisonnables et capricieuses, je trahis la meilleure partie de moi, je me fais du tort.

Quand je renonce à me dépasser, à aller au-delà du petit moi, je renonce à l'impersonnel en moi, à la source. Je ne suis pas seulement une conscience individuelle, je fais partie d'un tout qui me révèle et je ne peux abandonner sans dommage ni l'un, ni l'autre. L'inspiration m'accompagne comme un ange aux ailes frémissantes, qui me fait rire et pleurer et tendre « vers », dans l'unique désir. Quelle est cette présence, ce génie intérieur qui me hante et me pousse heure après heure sur le terrain de mon éclosion dans l'infinie patience d'un temps aboli, qui m'oblige à créer quand je voudrais n'être que pur présent. Je ne peux pas me suffire à moi-même, je dois me raccorder à la conscience de ce temps et en délivrer ce que je sais.

Célébrer mon jour de naissance, c'est rendre hommage à l'existence de cette partie en moi.

Quelle dette dois-je ainsi honorer à travers le don de la vie et le mystère de mes cellules en mouvement d'échange ? Ma vie ne m'appartient pas. Je l'éprouve, je la ressens et j'en supporte l'insaisissable poids au mieux avec un sourire.

En moi l'individuel va vers l'impersonnel et l'impersonnel va vers l'individuel. Je suis à la merci de deux pôles, deux forces qui se conjuguent, s'opposent ou cocréent. L'une me pousse à l'écriture pour incarner, découvrir ma force d'impersonnel, l'autre s'approprie le résultat et me ramène au personnel. Je fuis depuis mon enfance cette écriture qui me trahit et je fuis l'impersonnel qui me pousse à écrire. Et je finis par céder parce que je ne supporte pas la vie dans le seul pôle du personnel.

Quelle est cette partie à jamais immature et adolescente qui voudrait tant rester dans l'indifférenciation, dans la fusion, et qui hésite à chaque nouveau mouvement de son parcours d'individuation ?

Comment échapper au renforcement de l'ego à travers l'acte d'écrire ?

Comment être le secrétaire, le traducteur du sens ?

Nous sommes à une époque où l'animal et l'humain tentent de reconsidérer leur séparation, leur antagonisme. Il en est de même pour le masculin, et le féminin, l'homme et la femme, le profane et le sacré, le personnel et l'impersonnel, le rire et les pleurs, le rêve et la réalité, la matière et la spiritualité. Quel est le langage qui retissera un lien entre ces opposés et fera naître un troisième terme qui appartiendra à une conscience en mouvement toujours en voie de centrage personnel ? Nous pouvons lire et décrypter toutes les tentatives de formulation, tous les systèmes de pensée à la lumière simple de cette règle.

Et encore et toujours revenir à la pratique.

Comment passer d'une vibration orgasmique d'unité avec une personne comme dans l'acte d'amour, à une vibration orgasmique avec l'univers ?

Cette troisième voie qui est au cœur de ce livre, cette réunion du cerveau droit et du cerveau gauche, se manifeste dans l'exercice d'un lâcher-prise du cerveau rationnel au profit d'un guidage du cerveau intuitif. Nous avons à rechercher et à cultiver les moments, les gestes qui favorisent ce surgissement, qui permettent aussi des formes d'expression contagieuses, des musiques, des poèmes, des dessins, des couleurs qui suscitent, emmènent. Des gens aussi qui par leur énergie favorisent ce ressenti, agissent comme des catalyseurs.

Détendu, simple, naturel, détaché, tel est le secret du ressourcement et du passage. S'isoler, mettre une musique, laisser venir le mouvement comme dans l'écriture automatique. Pendant quinze minutes puis trente, puis quarante-cinq. Comme dans la respiration consciente il se produit un phénomène naturel de croissance et de décroissance. Les cellules sont nettoyées, l'énergie est dehors et dedans, ça danse en nous. La félicité trouve son passage. Pas de félicité sans cet abandon et cette confiance. Plus un être incarne de félicité, plus il est bénéfique pour les autres, plus il se rapproche de la maîtrise. La première vertu d'un enseignant c'est sa qualité de présence, la vibration du divin qui passe à travers lui. Mais il est aussi ce miroir sans jugement, centré et enraciné dans son être, il reflète tranquillement. Il est le témoin non affecté par ce qu'il reflète. Il ne s'identifie pas. Il observe la sexualité, la jalousie, l'avidité, il ne les refuse pas et il reste innocent, non affecté.

La résurrection est cette deuxième naissance. La naissance à la conscience.

Je regarde ma vie à distance. Je partage ce que je découvre. J'accepte de n'être rien, d'être si peu et d'être tout.

Gourmande sérénité de la sagesse du rire.

Si ce que je dis est absurde, ce dont je parle est sublime.

# Pratiques

À ne pas mettre devant certains yeux,
entre certaines mains.
Impraticable pour des intellectuels

Comment garder et développer la sérénité ? Par des exercices quotidiens. Par des lectures. En se concentrant sur l'acte d'inspirer et d'expirer. Il arrive un moment où la force intérieure s'installe de manière décisive. Impertinente sagesse, gai savoir et gourmande sérénité sont des voies d'avenir.

Le temps de la sérénité n'appartient pas qu'à la vieillesse.

Elle s'accommode bien d'une vie réglée, d'une hygiène de vie saine, d'une pratique régulière de méditation.

## MICROPRATIQUES

Ce sont des pratiques d'attention à la présence intérieure et extérieure de cinq minutes minimum qui sont destinées à être répétées plusieurs fois dans la journée pour entretenir le sens du centrage et de l'alignement ou encore de la cohérence pacifiée.

Nous pourrions représenter la psyché comme une roue avec un moyeu qui serait le centre et le Soi. Le Soi est aussi le cœur de l'être, une dimension stable et sage qui reste immuable au milieu de toutes les agitations et de tous les soucis, et avec laquelle il est souhaitable que nous restions en contact pour ne plus nous identifier aux jeux changeants qui viennent troubler le miroir de notre conscience tout au long d'une journée et tout au long d'une nuit, de rêves incoordonnés.

Comment rester en contact avec le Soi ? En éduquant le moi conscient de manière à ce qu'il se tourne délibérément et le plus souvent possible du côté du Soi pour établir une liaison qui va le maintenir dans une inspiration calme et sage.

L'instrument privilégié de cette mise en harmonie est le souffle, la respiration consciente. Mais tout le corps y participe, notamment à travers chacun des cinq sens.

### LA RESPIRATION

La base est l'inspir et l'expir : j'inspire consciemment et j'expire consciemment dix fois de suite toutes les heures ou toutes les deux heures ou toutes les trois heures.

Vous ne feriez que cet exercice tous les jours que déjà vous auriez gagné un retournement de l'être.

J'inspire consciemment, je fais une rétention d'air poumons pleins pendant une minute, j'expire, je fais une rétention d'air poumons vides pendant une minute, et je continue dix fois.

LE SON

Je fais sonner deux clochettes tibétaines l'une contre l'autre, je me concentre sur le son, je le suis jusqu'à sa disparition et je goûte le vide ainsi créé dans mon esprit.

J'ouvre la bouche, je place mon attention sur ma langue, j'émets le son de la voyelle A et je me laisse envahir de présence paisible.

Je chante le OM et je me glisse avec lui dans la liberté de l'être.

Je me glisse dans mon bain et je laisse chanter mon âme sans autre pensée.

J'entoure un arbre de mes bras et je laisse chanter mon âme.

Je fais vibrer ma voix jusqu'à me sentir frémissant de tout mon corps subtil.

Je mets les doigts dans les oreilles et j'entends le son du son.

Je me bouche les oreilles, je contracte l'anus et je sors de l'espace et du temps.

LA VUE

Je regarde un mur et je prends conscience de l'espace.

Je regarde un bol ou un récipient et je prends conscience de l'espace.

Je m'assois et je me nourris de la lumière sur les choses.

Je laisse mon regard se dissoudre dans l'espace et mon esprit se détend.

Je m'assieds et je contemple.

Je bouche les ouvertures des yeux, des oreilles, des narines, de la bouche et je me fonds dans l'espace infini entre les sourcils.

Je regarde quelqu'un, je me réjouis qu'il existe et j'amplifie sa présence en espace lumineux.

J'accepte ce que je vois et je le regarde jusqu'à ce qu'il devienne lumineux.

Je regarde un arbre jusqu'à ce que ses feuilles deviennent lumineuses.

Je fixe l'espace à l'aube et je le laisse entrer en moi.

Je fixe l'espace au crépuscule et je le laisse entrer en moi.

Je fixe un galet et je laisse entrer de l'espace en moi.

Je fixe le ciel et je laisse entrer de l'espace en moi.

Je fixe un objet puis je retire mon regard et je deviens plénitude.

Je ferme les yeux et je dirige mon regard sur le troisième œil.

Je pénètre dans la clarté du ciel.

Avant de dormir je me concentre entre les deux yeux et je place ma conscience dans mon cœur.

LE TOUCHER

J'entre dans la lenteur des gestes, toujours plus ralentis.

Les mains ouvertes à hauteur des épaules, je ressens une aire de luminosité sous les aisselles et je la laisse diffuser jusqu'à mon cœur.

Je caresse longuement l'intérieur de mon poignet gauche avec ma main droite et vice versa.

Je caresse attentivement en respirant un morceau de bois ou d'étoffe..

Je donne un massage.

Je reçois un massage.

Je jouis de l'extrême lenteur des mouvements du corps.

Je ressens mon corps, mes os, mon sang et la félicité m'envahit.

Je marche en conscience.

Je nourris mon corps subtil.

LE GOÛT

Je regarde une pomme et je ressens son goût.

Je mange une pomme lentement en conscience, en respirant et je me réjouis.

Je mange un raisin et je m'anéantis dans sa saveur.

Je mange un carré de chocolat en fermant les yeux et en me concentrant sur ce que je ressens et je m'abandonne à la félicité.

Je mange en conscience, je bois en conscience.

L'ODORAT

Je respire une huile essentielle, je me remplis et je m'arrondis dans l'instant.

Je respire une fleur, je l'éloigne et je continue de ressentir son parfum.

Je contemple un fruit, j'imagine son odeur, je respire son odeur, je me nourris de son odeur.

J'imagine une fleur et j'imagine son odeur.

Je ressens une odeur créée par mon imaginaire.

L'ENTRE-DEUX

Stopper son impulsion à faire quelque chose.

Au moment où surgit un obstacle, une contrariété, créer un espace d'arrêt.

En pleine danse se laisser tomber sur le sol.

En plein élan se stopper et prendre conscience.

Entre le sommeil et l'éveil porter son attention.

Rester présent au cœur tout en s'adonnant à ses activités.

Prendre conscience de son discours intérieur et le stopper.

Rester les yeux ouverts dans le noir.

Respirer selon la boucle taoïste : à l'inspir, visualiser une onde d'énergie qui part du coccyx, monte le long de la colonne vertébrale jusqu'au sommet du crâne ; à l'expir, visualiser que cette onde redescend par le troisième œil, passe par le pont de la langue collée au palais, descend vers la gorge, le cœur, le plexus, le hara, parvient au chakra racine et remonte.

Pratiquer la contention urinaire tout en respirant pendant quelques minutes.

Chanter dans une langue inconnue, en laissant surgir ce qui vient pendant dix minutes à un quart d'heure.

Se centrer sur le cœur en conscience et laisser les épaules se détendre en fermant les yeux.

Poser sa conscience dans ses plantes de pied et marcher en conscience, en déroulant bien la cheville.

Faire deux pas sur l'expir et trois pas sur l'inspir. Puis inverser.

Imaginer une douche énergétique qui descend sur le corps, le détend, le rafraîchit et le calme. Inspir-expir dix fois.

Respirer lentement et profondément en gonflant le ventre.

Ressentir un paysage tout en respirant avec le ventre.

Visualiser un axe sexe-cœur-tête et respirer dans cet axe.

S'étendre sur un lit et tout en respirant profondément écouter dix minutes de musique relaxante.

Préparer un thé avec lenteur en respirant sur chacun des gestes, présent à chaque instant.

Prendre conscience de son corps et lui envoyer un message d'apaisement, de caresse ou d'amour.

Allumer la flamme d'une bougie et fixer son attention sur elle jusqu'à ce qu'on puisse la voir en fermant les yeux.

Accepter avec gratitude tout ce qui est.

Mettre une musique entraînante et danser pendant dix minutes.

Rire volontairement en relâchant le diaphragme.

Pleurer volontairement et se plaindre à haute voix.

Crier, taper du pied, laisser sortir sa rage, sa colère, son ras-le-bol puis rester cinq minutes silencieux.

Joindre les mains sur son cœur et saluer profondément.

Respirer de manière alternée d'une narine dans l'autre.

Visualiser un cristal et ressentir sa pureté à l'intérieur de soi.

Visualiser un soleil sur son sexe, un soleil sur son cœur, un soleil sur son front et respirer.

Contracter l'anus et l'ensemble des muscles du fondement, appelés ici muscles papillons, et envoyer cette énergie dans la colonne vertébrale. À l'expir, relâcher.

Poser un sourire intérieur sur son cœur et ressentir.

Contempler un caillou et tout en respirant dans le ventre devenir ce caillou.

Devenir une plante.

Devenir un animal.

Devenir un autre être humain.

Devenir le ciel ou la terre.

### LA MÉDITATION DU HARA

Position du bouddha : mains jointes, une main dans l'autre, en corbeille, pouces qui se touchent.

Dix grandes respirations : inspir-expir.

À l'inspiration, compter douze temps et garder les poumons pleins.

À l'expiration, compter six temps et garder les poumons vides.

Prendre possession du siège.

Prendre conscience de la manière dont les mains se posent.

Respiration par le nez. Faire palpiter un peu les narines, bien les ouvrir. Étirer la nuque. Tenir la position de méditation, de manière à ce que le haut du crâne soit bien offert. En même temps ne pas relever le menton, former plutôt un petit double menton.

Prendre conscience de son ventre, et notamment d'un point situé deux doigts au-dessous du nombril et qui se nomme le *hara* ; il est comme le centre de gravité du corps. Avec deux doigts de la main droite, appuyer légèrement sur ce point ; entrouvrir la bouche. Respirer sur ce point, quelques minutes, jusqu'à ce qu'il soit perçu comme vivant.

Gonfler le ventre comme s'il était un petit ballon. Réunir sa présence dans le hara : sensation d'une puissance chaude et rayonnante. Force, douceur et délicatesse.

### SE NOURRIR DE LUMIÈRE

Sentir les narines palpitantes.

Fermer les yeux.

Visualiser et ressentir la lumière.

En nimber le visage.

Imaginer une douche qui descend du ciel et lisse à l'intérieur, une douche d'énergie.

Respirer en conscience, bouche entrouverte.

Émettre un léger sifflement à l'expir.

Ouvrir à l'intérieur.

Décroiser si quelque chose est croisé.

Inspirer et expirer, descendre loin en bas, expulser l'air vers la terre et rester poumons vides. Goûter ce vide.

Inspir : remplir les poumons, bloquer la respiration et goûter poumons pleins. Inspirer encore, mais, se remplir d'air avec la sensation de se remplir de lumière. Porter son attention tout autour de soi, dans cette sensation de lumière, tout autour de son corps, comme si on était dans un œuf de lumière, l'attention diffusant tout autour de soi. Continuer de respirer en conscience. Cette sensation de lumière gagne tout le corps comme des vagues. Prendre conscience de ses narines, les faire palpiter. La lumière étend ses fils tout autour de soi, comme si elle caressait par vagues. Intérieurement, saluer le Soi. Joindre les mains quelques instants.

ENTRER DANS LE SON

Asseyez-vous convenablement de la manière qui vous paraît dans l'instant la plus juste. Avec un bol tibétain, vous allez produire un son très léger, et écouter le son au-dessus de votre tête.

Pour commencer, vous allez simplement vous mettre dans un état de réceptivité : vous mettez vos mains en coupe soit en accueillant votre main gauche dans votre main droite, soit l'inverse, tout dépend de ce que vous ressentez.

Portez attention à votre nuque et à votre dos, de manière à ce que le haut de votre tête soit comme offert, les narines bien palpitantes. Restez immobile cinq minutes.

Vous posez de l'attention dans votre souffle, et avec les deux mains de chaque côté de votre tête, vous respirez, comme si vous construisiez une colonne d'énergie autour de votre tête et ensuite de votre buste.

Lentement, respirez, d'une façon régulière, par le nez, en ayant du plaisir à sentir l'air.

Respirez dans vos mains, descendez-les jusqu'à votre poitrine, jusqu'à votre bassin, jusqu'à poser les mains dans le creux de l'aine, sur vos cuisses. Continuez à sentir autour de vous cette luminosité vibratoire.

Continuez de respirer, ouvrez bien les narines.

Prenez le bol, écoutez le son.

LA RESPIRATION DES SEPT SOLEILS

Posez-vous dans votre cœur quelques instants.

Ouvrez vos narines.

Ressentez que vous abritez un lac de sérénité, un endroit qui en vous reste calme, une surface d'eau un peu miroitante.

Vous n'êtes plus dans c'est bien, ou c'est mal.

Vous êtes dans « c'est ».

Vous êtes calme.

Posez-vous dans l'existence tranquille, dans votre propre souffle.

Maintenez-vous sans penser, juste là.

Sentez un chemin de confiance et d'amour qui est là.

Fermez délicatement les yeux, commencez tout doucement à respirer jusqu'au fond du ventre, et portez votre main droite au chakra du cœur, tapotez dans le sens des aiguilles d'une montre.

Ressentez à l'intérieur les vibrations, tout en continuant à respirer ; portez votre respiration à cet endroit-là, la bouche légèrement entrouverte.

Progressivement, arrêtez de tapoter et portez votre conscience sur la chaleur qui peut être ressentie, la sensation qui a été révélée sous vos doigts, respirez en portant votre attention sur vos battements de cœur.

Écoutez votre cœur battre de l'intérieur.

Écoutez s'il bat calmement, s'il bat de façon précipitée ; par la respiration, vous calmez votre agitation, vous l'apaisez en respirant de plus en plus lentement.

Expansez bien la poitrine à l'avant et à l'arrière, laissez beaucoup d'espace au cœur. Restez présent aux battements.

Visualisez une petite lumière à l'endroit du cœur, qui, à chaque inspiration, s'élargit comme des ronds dans l'eau.

À chaque inspiration, la lumière devient plus brillante. Ressentez les bienfaits de cette lumière à l'intérieur du cœur, et toutes les ondes qui s'en dégagent autour de vous.

Imaginez que, du centre de ce rayon, de cette boule de lumière, par le haut et par le bas, sortent deux rayons, l'un qui va illuminer votre gorge, l'autre qui descend au niveau du plexus solaire. Respirez, et, tout en respirant, de chacun de ces rayons, une petite lumière commence à s'expanser, dans la gorge et dans le plexus solaire. Respirez. Faites grandir cette lumière au niveau du cœur, au niveau de la gorge, au niveau du plexus solaire.

Continuez à respirer en conscience, en visualisant ces trois soleils de plus en plus brillants, de plus en plus lumineux.

Visualisez à présent que ces trois soleils se mettent à tourner sur eux-mêmes.

Imaginez à présent que, de ces boules qui tournent au niveau de la gorge, un rayon s'élève vers le troisième œil, et de la boule de lumière du plexus, un rayon descend vers le hara.

Visualisez ces deux endroits s'illuminer, devenir des lumières qui tournent et qui émanent une lumière brillante, chaude, qui se répand en illuminant tout votre corps. Continuez à respirer consciemment et à nourrir ces soleils.

Expansez-les par la respiration.

Ressentez toute la chaleur qui se dégage de chacun des soleils, et qui irradie partout dans votre corps pour aller nourrir chacune de vos cellules, chacun de vos organes.

Continuez à respirer. Visualisez que, du soleil du troisième œil, part un rayon vers le chakra couronne qui s'illumine et se met à tourner, et que, du chakra du hara, un rayon descend vers le sexe pour illuminer un soleil qui se met à tourner à son tour.

Visualisez ces sept roues lumineuses tourner et émettre de la lumière dans tout votre corps ; nourrissez par la respiration ces mouvements et cette lumière.

CHANTER DANS LES CHAKRAS

Chantez sexe-cœur-tête, les notes : DO-SI-FA, terminez par le cœur.

Gardez quelques minutes de silence pour laisser résonner le son.

Attachez-vous à bien faire vibrer la partie qui est concernée, à faire descendre ou monter la note, de telle façon que la vibration soit la plus forte possible.

Cherchez votre modulation dans la note.

Détendez-vous, relâchez-vous.

Tendu-détendu.

Prenez une grande inspiration, et sur l'expir, relâchez un peu plus les épaules – en même temps, vous tirez un peu plus votre colonne vers le haut comme tenue par un fil, menton rentré.

Prenez contact avec votre chakra-racine, le chakra du cœur, le chakra coronal.

Intérieurement, faites une petite salutation.

Relâchez bien les mâchoires.

Relâchez le ventre.

Soyez présent au niveau de vos narines qui palpitent.

Émettez le son « A » sur la note do, dans le chakra racine.

Portez votre attention sur le chakra couronne.

Émettre le son « A » sur la note si dans le chakra couronne.

Ressentez bien la vibration en haut de votre crâne.

Portez votre attention sur le chakra du cœur.

Chantez « A » sur la note fa, et propagez la vibration dans tout votre corps.

Vous restez au contact de la vibration. Intérieurement, vous vous inclinez, et vous saluez votre chakra racine, vous saluez votre chakra coronal, vous saluez votre chakra du cœur.

RESPIRER À L'HORIZONTALE ET À LA VERTICALE

Respirez le long d'un fil qui monte de votre sexe jusqu'au cœur, qui dépasse votre crâne, et qui monte vers une étoile, finement. Laissez monter ce feu que vous mutez en lumière à travers votre corps.

Montez encore, respirez, continuez à respirer.

Sentez que vous êtes un canal d'énergie, du centre de la terre jusqu'à l'étoile Polaire. Respirez.

Inspirez, et à l'expir, expansez-vous dans l'univers.

Inspirez ce feu de la terre, montez-le jusqu'à l'étoile polaire et, à l'expir, expansez-vous dans l'univers. Respirez.

Ressentez que tout votre corps est expansé et devient de plus en plus large, un canal de plus en plus large, qui transporte cette énergie, et qui la fait circuler, du feu de la terre à l'étoile polaire, de l'étoile polaire au feu de la terre.

Ouvrez les bras comme des ailes et montez vers le ciel tout doucement.

À l'inspir, vous faites une rotation à l'arrière, redescendez à l'expir, à nouveau, doucement, faites monter.

Sentez comme une boucle qui s'élargit de plus en plus.

Continuez à être présent à votre respiration ; présent à vous-même et présent au ciel.

Progressivement, et à votre rythme, revenez à une sensation de votre corps, à la plante de vos pieds, et aux éventuelles vibrations dans les jambes.

Ressentez que vous êtes attaché au sol et à la terre, et à la fois au ciel.

Reprenez place dans votre corps.

Ressentez le bien-être que vous pouvez vivre dans votre corps.

Soyez attentif à ce qui se passe dans vos pieds et dans vos mains.

À votre rythme, ouvrez les yeux.

LE BOUDDHA EST EN MOI

Fermez les yeux et visualisez la position du bouddha.

Vérifiez la position du cou, lieu de passage particulièrement étroit entre la tête et le corps.

Posez-vous consciemment dans votre fondement, avec la sensation de vous laisser aller, de devenir plus lourd dans le bas de votre corps.

Respirez avec le nez ; gonflez le ventre à l'inspir.

Prenez conscience aussi de la manière dont vous avez placé vos mains ; rien n'est imposé, mais soyez conscient.

Respirez doucement, tranquillement, dans votre ventre.

Détendez bien votre ventre, posez votre attention sur lui avec beaucoup de douceur ; arrondissez-le.

Continuez de respirer dans votre ventre jusqu'à ce qu'il soit bien chaud, bien rond. Votre respiration est lente et régulière. Vous êtes conscient de votre peau, conscient de votre cou, de vos narines ; conscient aussi de la fraîcheur de l'air sur votre front. Votre front est très sensible à la caresse de l'air.

Ouvrez bien vos narines, et gonflez doucement votre ventre. Prenez plaisir à cette plénitude de présence dans votre ventre. Arrondissez-vous.

Vos lèvres sont légèrement entrouvertes, et la langue est au palais.

Détendez encore le ventre.

Portez votre attention sur votre cœur, et visualisez un petit bouddha dans la posture.

Vous allez respirer maintenant, un peu plus haut, dans la zone cardiaque : ouvrez plus au niveau des épaules et commencez par visualiser un tout petit bouddha qui prendrait place dans un cercle, et vous le posez sur votre cœur.

Ressentez la paix, la stabilité qui se dégage et, à chaque inspir, laissez grandir un petit peu plus ce bouddha dans votre poitrine.

Faites dix respirations très lentes. À chaque inspir, laissez grandir ce bouddha Comptez sur vos doigts. Remplissez au maximum le buste, faites une petite rétention ; expirez. Faites-le à votre rythme. Plénitude : gonflez, sentez bien votre poitrine. Descendez dans ce bouddha en vous.

Quand vous aurez terminé vos dix respirations, entrez dans une conscience globale de votre corps : votre pensée entoure votre corps d'une vibration de bien-être. La respiration est très légère. Vous êtes présent dans votre corps, et en même temps à cette vibration.

### L'ORBITE MICROCOSMIQUE

L'orbite microcosmique est une circulation d'énergie dans le corps à partir du fondement. On extrait l'énergie à partir du fondement, et on la fait rentrer dans la base de la colonne vertébrale par le coccyx et par le souffle, ensuite on la fait monter le long de la colonne jusqu'en haut de la tête et on la fait revenir par-devant par un pont que fait la langue qui colle au palais, puis redescendre par-devant jusqu'au sexe.

Donc, on fait une boucle derrière puis devant : c'est l'orbite microcosmique.

Portez votre attention sur votre fondement et sur vos narines, en particulier dans le haut des narines. Quand vous respirez le parfum d'une fleur, vous envoyez haut l'air dans le nez. Faites la même chose et en même temps pompez dans le fondement. Visualisez comme si l'air arrivait par le fondement, et passait dans la colonne.

À l'inspiration, tenez-vous bien droit, inspirez en faisant monter l'air très doucement, très haut dans le nez, et visualisez l'appel du fondement dans la colonne qui monte, jusqu'en haut du crâne.

Arrivé dans le crâne, vous êtes légèrement suspendu et vous laissez tourner l'énergie ; à l'expiration, l'énergie redescend, vous mettez la langue contre le palais, vous laissez tourner un peu l'énergie au niveau du cœur, puis vous redescendez jusqu'au fondement.

Petit temps de suspension ; et vous remontez.

Il y a une orbite qui est plus grande, qui intègre les jambes et les bras : auquel cas l'énergie à la descente redescend devant et arrive au fondement ; elle passe derrière, redescend derrière la jambe, remonte ensuite par le devant, arrive à nouveau au fondement, repasse derrière et fait un 8.

Pour les bras, vous pouvez sentir, quand l'énergie arrive là, qu'il y a quelque chose qui part vers les bras et, comme pour les jambes, il y a une boucle dans les bras, de chaque côté ; ça revient, et on fait la boucle. Si vous sentez des picotements dans les bras, c'est qu'elle se met spontanément en place.

Concentrez-vous sur votre fondement, l'appel du souffle dans les narines qui monte très haut et l'appel au niveau du coccyx par le fondement.

Activez la circulation subtile.

UNE DOUCEUR DE PLUME

Fermez les paupières, détendez-les.

Entrouvrez la bouche.

Tirez légèrement sur votre cou de manière à ce que votre cou soit dans l'alignement de votre colonne vertébrale.

Vous prenez conscience de vos narines : vous les faites palpiter comme si vous vouliez les agrandir. En fait, vous bougez vos narines comme si un effluve très parfumé venait jusqu'à vous ; prenez conscience de votre front et détendez-le.

Rectifiez à nouveau la position du cou.

Faites attention à la manière dont l'air entre et sort, et à l'expiration, contractez votre ventre de manière à pousser l'expir aussi loin que possible dans le ventre ; toujours aller plus loin qu'on ne pense.

Augmentez l'ampleur de votre souffle.

Commencez toujours par vous détendre loin dans votre ventre, ensuite, tout naturellement, vous prendrez plus d'air à l'inspir.

Prenez conscience qu'à l'inspir vos épaules peuvent légèrement être repoussées vers l'arrière et la poitrine est bombée.

Accentuez légèrement ce mouvement, et à l'expir, ramenez légèrement vos épaules vers l'avant...

Ouvrez vos narines, vous allez étendre vos bras et joindre vos mains.

À l'inspir, élevez vos bras comme des ailes.

Inspir-expir : abaissez vos bras.

Prenez le temps et soyez attentif pour être en équilibre. Portez votre attention sur votre cœur.

Respirez sur votre cœur : chaque fois que vous ouvrez les ailes agrandissez un peu plus votre cœur.

Continuez de respirer ; respirez maintenant avec la bouche et sentez que s'incorpore en vous une dimension de douceur, la douceur des plumes. Elle prend vie en vous.

Dimension de puissance et de conscience dans l'amour. Élevez vos ailes.

Respirez avec la bouche, les mains deviennent pétillantes.

Vous pouvez maintenant réunir vos deux mains en coupe devant votre cœur, comme si vous teniez un bol entre vos deux mains, et à chaque inspir, maintenant, vous allez les écarter de chaque côté de votre corps, en les ouvrant. Ouvrez votre gorge.

C'est comme une fraîcheur ou comme une brûlure dans votre cœur.

Saluez la dimension invisible de votre élévation. Celle qui vous permettra de trouver le mot juste, la situation juste.

Votre respiration est toujours consciente, fluide, délicate.

LA PRÉSENCE DU SON AUM

Posez-vous dans votre respiration.

Faites dix respirations : inspir-expir, dans l'axe sexe-cœur-tête, en comptant sur vos doigts.

Silence.

Joignez vos deux mains.

Chantez le son AUM : A. U. M.

Le son A, vous l'émettez et vous le recevez dans votre cœur.

Le son U, vous l'émettez et vous le recevez dans votre gorge.

Le son M, vous l'émettez et vous le recevez dans votre cavité buccale, dans votre palais.

Maintenez ce M le plus longtemps possible pour que le son se prolonge, et écoutez-le.

Placez-vous dans votre cœur, et commencez doucement à émettre le son A, ensuite le U, puis le M, en les liant de manière à ce que le son soit AUM, non pas OM, mais AUM.

Continuez.

Faites résonner le M, bouche fermée.

SEXE, CŒUR, TÊTE

On peut regarder le sexe comme désirant, il peut être aussi aimant et spirituel.

Si on se place dans le cœur, on verra que le cœur peut être désirant, aimant, spirituel.

Si on regarde maintenant du côté de l'esprit, on va avoir aussi un esprit désirant, aimant et cosmique.

Suivez dans l'énergie : dites « sexe désirant », ressentez, faites palpiter le fondement qu'on appelle muscle papillon. Au moment où vous dites « sexe aimant », faites la jonction avec le cœur.

Au moment où vous dites : « sexe cosmique », faites la jonction jusqu'en haut ; par la respiration les mots s'inscrivent dans le corps.

Donc, « sexe désirant » : faites palpiter cette dimension.

Respirez et acceptez que vous avez un sexe désirant, et c'est bon d'avoir un sexe désirant, et parfois c'est encombrant. Et puis nous avons aussi un sexe qui peut être aimant, et ressentez cette jonction avec le cœur qui fait que nous pouvons aimer et désirer aussi avec le sexe ; que parfois nous pouvons aimer avec le sexe sans même désirer ; et maintenant, un sexe cosmique : faites la jonction avec la voûte du cerveau.

Maintenant, un cœur désirant : mon cœur a des désirs, ce qu'il peut désirer dans son plan de cœur.

Un cœur aimant.

Un cœur cosmique, inconditionnel. Pensez à quelqu'un que vous aimez inconditionnellement.

Maintenant, centrez-vous davantage au niveau de votre troisième œil et du haut de votre crâne.

Un esprit désirant.

Un esprit aimant, et faites la jonction avec le cœur. Un esprit cosmique, et ressentez, visualisez ce cône au-dessus de votre tête, ce point auquel vous vous reliez, pour une sensation d'élévation.

Pour terminer, envoyez de la lumière aux êtres que vous aimez.

LA BOUGIE ET LA FLEUR D'OR

Respirez consciemment.

Ouvrez vos mains.

Respirez, posez devant vous une petite lumière, une bougie.

Continuez de respirer : vous restez présent dans votre cœur, avec le sentiment de l'amour que vous portez à des êtres.

Pensez que votre cœur est comme une fleur, comme un bourgeon qui veut ouvrir ses pétales, éclore, s'ouvrir.

Visualisez comme un œuf de lumière tout autour de votre corps, et, à chaque respiration, remplissez cet œuf d'une lumière dorée.

Visualisez sur votre cœur une fleur d'or, une petite fleur d'or, lumineuse.

Respirez, agrandissez votre respiration de manière à ce que vos épaules soient un peu rejetées en arrière, et gardez les poumons pleins quelques instants, le temps possible pour vous, et à l'expir, vous relâchez.

Vous pouvez inspirer par le nez et expirer par la bouche.

Inspir : remplissez le haut de vos poumons et laissez grandir votre flamme.

Expir : relâchez.

Inspir : ouvrez avec vos deux mains, vos mains s'élèvent vers le haut comme un bouddha bénissant.

Expir : ramenez-les. Prenez votre temps.

Inspir : je me redresse, je redresse mes mains, je gonfle ma poitrine et je reste quelques instants poumons pleins, et je relâche.

Inspir-expir : continuez à votre rythme.

Inspir : les mains s'élèvent, continuez de bénir.

Expir : les mains redescendent.

Inspir : les mains s'élèvent et la fleur sur mon cœur continue de grandir encore.

Pendant quelques instants, goûtez cette fleur du cœur dans la complète immobilité, votre respiration est comme suspendue.

Maintenant, chantez le son : A. Laissez votre voix sortir pleinement. Par l'ouverture de la gorge, laissez passer l'énergie un peu plus haut. Déposez une goutte de salive sur le point qui se trouve entre les sourcils, ouvrez et fermez les yeux sur la petite lumière qui est devant vous.

Quand vous refermez les yeux, sur l'écran de votre front, tentez de continuer à voir la bougie et l'ensemble que donne la petite lumière.

Restez là, concentré sur la bougie, les yeux mi-clos.

Essayez de ressentir la flamme sur votre front.

Si vous ressentez une pression sur ce point, acceptez-la.

LE FEU DE LA TERRE

Soyez présent, soyez ouvert.

Mettez une musique de tambour.

Prenez contact avec le bassin, ouvrez la bouche. Respirez.

Descendez à la rencontre du feu. Lâchez-vous.

Descendez chercher le feu au milieu de la terre. La lave rouge. Descendez dans le rouge. Allez chercher plus bas.

Faites monter jusqu'au bassin ; allez chercher, encore, faites monter le feu, encore.

Tout le bassin est rouge, faites monter encore. Faites monter.

Aspirez l'air comme avec une paille. Respirez du bassin jusqu'au cœur.

Les jambes sont souples, votre bassin est souple et vivant.

Faites monter jusqu'au cœur, continuez à faire monter, faites monter l'énergie, faites monter le feu.

Contractez les fesses, le bassin ; respirez comme avec une paille.

Faites monter jusqu'au cœur, faites onduler toute la colonne, le bassin est souple, devant, derrière ; faites monter encore.

Faites monter la flamme au cœur.

Faites encore monter.

Le feu est monté jusqu'au cœur, toute la poitrine est en feu, les flammes continuent à monter dans votre gorge.

Mobilisez la nuque, les épaules, votre colonne danse comme un serpent ; engagez les épaules, engagez le bassin, engagez le dos, faites monter les flammes.

Les flammes remplissent votre tête et dépassent du crâne.

Vous êtes devenu flamme, des pieds à la tête, vous êtes la flamme, encore.

Laissez sortir la flamme, elle sort par le haut de votre crâne et monte vers le ciel.

Le rouge, des pieds à la tête, vos mains dansent le feu, purifiez-vous dans cette flamme, purifiez-vous dans le feu.

La flamme monte, monte, monte encore, encore.

Vous êtes les braises, la flamme, le feu, la chaleur.

Ralentissez un peu la respiration et goûtez le plaisir d'être une flamme.

Inversez le mouvement.

Vous allez accompagner les flammes dans la coupe du crâne, la coupe du cœur, du bassin jusqu'à la terre.

Raccompagnez la flamme du bassin jusqu'au centre de la terre.

La flamme est redescendue jusqu'au centre de la terre. Restez quelques instants, suspendu dans cet espace qui s'est libéré, et goûtez cet espace, juste suspendu.

Reprenez contact avec votre axe, et suivez-le jusqu'au haut de votre crâne.

Prenez contact avec la couronne, subtilement. Ressentez que le crâne peut s'ouvrir en coupe et la lumière descend du cosmos vers cette coupe. À l'inspiration, faites descendre la lumière ; remplissez la coupe du crâne de lumière ; faites vibrer la couronne, remplissez la coupe de lumière.

Détendez-vous. Continuez à respirer. Relâchez-vous.

Accueillez plus de lumière.

Quand la coupe du crâne est pleine, laissez-la petit à petit remplir la coupe du cœur par votre axe central.

Faites descendre encore plus de lumière ; nourrissez le cœur, nourrissez la coupe du cœur.

Ouvrez les mains de chaque côté, et accueillez la lumière, remplissez-vous le cœur de lumière.

Quand la coupe du cœur est pleine, laissez couler vers le bassin, faites descendre la lumière jusqu'à la coupe du bassin, jusqu'à votre sexe.

Remplissez la coupe, toutes vos coupes sont maintenant remplies de lumière.

Suspendez-vous quelques instants dans cette plénitude de lumière.

Ralentissez votre respiration ; suspendez-vous quelques instants dans la lumière, vous êtes la lumière.

À votre rythme, vous pouvez raccompagner la lumière du bassin vers le cœur, du cœur vers le crâne, du crâne vers le cosmos.

Respirez tranquillement, paisiblement ; d'une façon subtile, vous allez, consciemment, réalimenter la coupe du bassin, de feu, de l'énergie du feu, et la coupe du crâne, de l'énergie de lumière.

Alimentez bien les deux coupes, de feu et de lumière.

Quand les deux coupes sont pleines, faites-les se rejoindre dans le cœur qui se remplit de feu et de lumière, et accueillez ces deux énergies dans votre cœur. Remplissez la coupe.

Dans le souffle, intensifiez cette présence, rendez les images plus lumineuses.

Rendez encore plus lumineuse cette zone-là, plus chaude, chaude et lumineuse. Ouvrez encore. Quand vous le voulez, laissez parler votre cœur, laissez-le s'exprimer, quoi qu'il ait à dire, laissez-le parler.

Quand vous pensez que votre cœur s'est exprimé suffisamment, diffusez son énergie à tout votre corps.

LE CHANT DU CŒUR

Prenez la position qui est juste pour vous.

Rassemblez-vous autour de votre colonne vertébrale. Relâchez bien le ventre.

Placez bien votre tête en haut de cette colonne, étirez encore un peu cette colonne – comme si un fil tirait le haut de la tête. Rentrez un peu le menton.

Prenez une grande inspiration.

Laissez la paix s'installer en vous.

Portez votre attention dans le milieu de votre poitrine que vous remplissez d'air à chaque inspir, délicatement, tendrement.

Portez une attention douce à vos douleurs, envoyez un sourire aux parties de votre corps qui sont tendues.

À la prochaine inspiration, prenez une inspiration plus forte, et, à l'expiration, envoyez votre souffle avec toute cette douceur, ce sourire jusqu'à votre fondement, et le souffle diffuse dans votre fondement, votre sexe, cette douceur, cette chaleur, ce sourire : à votre rythme, vous allez prendre une inspiration complète en remplissant votre cœur à l'inspir et à l'expir, en arrosant votre fondement.

Vous envoyez aussi un sourire de gratitude à ce fondement.

À la prochaine expiration, votre souffle descend plus bas que le fondement, il descend dans la terre.

Vous envoyez à la terre votre sourire de gratitude, votre douceur. Au passage, vous sentez pétiller votre fondement. Encore quelques inspirations au niveau du cœur.

À la prochaine inspiration, par le canal central, vous envoyez votre souffle, votre douceur, votre sourire vers votre couronne.

Vous alimentez votre cœur avec votre souffle.

À la prochaine inspiration, vous envoyez votre souffle, votre sourire, votre douceur vers le ciel, vers les étoiles.

Puis, vous revenez à votre cœur.

Vous ressentez le souffle qui vient simultanément du ciel et de la terre remplir votre cœur et retourner vers le ciel et la terre, simultanément, chargé de votre souffle, de votre douceur, ressentez à la fois votre fondement et votre couronne.

Revenez à votre cœur.

Ramenez maintenant votre souffle dans le hara ; toujours un souffle plein de douceur intérieure, un sourire de gratitude.

Revenez à votre cœur, plein de douceur et de gratitude ; sur la prochaine inspiration par le canal central, vous envoyez votre souffle vers le troisième œil, toujours plein de douceur et de gratitude.

À chaque inspiration-expiration, votre souffle circule simultanément : hara, cœur troisième œil.

Faites circuler la douceur, la gratitude.

Revenez dans votre cœur.

À la prochaine inspiration, par le canal central, ramenez votre souffle, votre douceur, votre gratitude vers le plexus solaire, comme une caresse.

Revenez à votre cœur.

Faites quelques respirations au niveau du cœur.

À la prochaine inspiration par le canal central, remontez à votre gorge, avec votre douceur, votre gratitude.

Revenez à votre cœur.

À chaque inspiration-expiration, ressentez la circulation entre votre gorge et le plexus solaire.

Sur la prochaine respiration, laissez sortir de votre cœur un pétillement qui remplit tout votre cœur, tout votre corps, qui rayonne vers toutes les cellules de votre corps.

Votre respiration est comme un rayonnement qui diffuse dans tout votre corps.

À la prochaine respiration, débordez au-delà de votre corps de rayonnement : il remplit tout votre corps, puis va au-delà du corps pour créer une sphère d'amour au-delà de vous.

Étendez-le le plus loin possible, à toute la pièce, à tout l'espace.

LA COUPE ET L'ÉPÉE

Réunissez deux objets, une coupe et une épée.

Prenez-les en main successivement en ressentant à travers la coupe la dimension du réceptif, et en ressentant à travers l'épée la dimension de l'actif.

D'abord l'épée, puis la coupe.

Ne les gardez pas trop longtemps, juste le temps de ressentir ces deux dimensions s'intégrer en vous. Essayez pendant quelques instants de vous identifier autant à la coupe qu'à l'épée, et essayez de capter l'essence de chacune. Respirez.

LA SPHÈRE DE LUMIÈRE DORÉE

Fermez les yeux et visualisez une sphère de lumière dorée qui symbolise la joie. De cette sphère lumineuse tombent des gouttelettes d'or qui descendent sur vous, vous rafraîchissent et vous purifient de toute inquiétude. Vous êtes ces gouttelettes et vous êtes uni(e) à tout ce qui existe. Ce soleil d'or descend vers vous, il pénètre par le sommet du crâne et il descend le long de la colonne vertébrale. Il se stabilise un peu en dessous de votre nombril. Il est la joie et votre centre de force intérieure.

#### LA SPHÈRE DE LUMIÈRE BLANCHE

Fermez les yeux et imaginez une sphère de lumière blanche. À l'expir, sa luminosité atteint votre crâne, descend dans votre nuque, coule le long de la colonne vertébrale à l'arrière du corps. Elle descend jusqu'au coccyx. À l'inspir, elle remonte à l'avant du corps jusqu'au sommet du crâne. Ainsi de suite pendant sept fois. À la huitième descente la sphère blanche vient se loger dans la poitrine et une grande paix se pose en vous. Inversez le sens.

#### LA SALUTATION DU MATIN

Portez la main droite sur votre cœur. Inspirez dans cette main et visualisez que vous la remplissez d'énergie. Votre main devient un soleil et vos doigts des rayons de lumière. Faire dix respirations conscientes. Ressentez que tout votre corps devient ensoleillé. Ressentez que vous êtes le soleil et que vous bénissez l'existence.

#### LA FLEUR QUI RESPIRE

Assis sur le sol, respirez dix fois en comptant sur vos doigts, un long inspir, un long expir dans l'axe sexe-cœur-tête. Inspir : l'air monte du coccyx au sommet du crâne ; expir : l'air descend. Visualisez une fleur à l'emplacement du centre cardiaque, laissez-la s'agrandir, s'épanouir tout en portant votre respiration sur cette zone de votre corps. Visualisez la même fleur à l'emplacement du troisième œil. Émettez deux rayons de lumière, l'un partant du cœur, l'autre du front, et à la convergence de ces deux rayons visualisez la fleur. Laissez-vous remplir de sa présence, palpiter doucement, et intégrez-la dans votre cœur.

L'ŒUF D'OR

Assis tranquillement, vous percevez une forme d'œuf doré autour de vous. Inspir-expir sept fois. À chaque inspiration la lumière devient un peu plus brillante. Nourrissez-vous profondément de cet éclat, vous régénérez votre corps physique et subtil.

LA GRATITUDE

Assis tranquillement, la main gauche tournée vers le sol et la main droite ouverte vers le ciel. Respirez consciemment. Puis ramenez la main droite dans la gauche au niveau du cœur et remerciez.

# *Bibliographie*


Friedrich Nietzsche, *Œuvres*, tome I et II, Robert Laffont, coll. Bouquins.

Michel Onfray, *Théorie du corps amoureux*, Grasset.

Satprem, *La Genèse du surhomme*, Buchet/Chastel.

Julius Evola, *Métaphysique du sexe* [1958], Guy Trédaniel.

Dr Jacques Vigne, *Le Mariage intérieur en Orient et en Occident*, Albin Michel.

Éric Le Nouvel, *L'Art de vivre au présent*, recueil de textes, Albin Michel.

Thich Nhât Hanh, *La Plénitude de l'instant*, Marabout.

Nikos Kazantzákis, *Alexis Zorba*, Pocket.

Hermann Hesse, *Siddharta*, Le Livre de poche.

Osho, *Tantra, suprême sagesse*, éd. Ronan Denniel.

Marie-Madeleine Davy, *Le Désert intérieur*, Albin Michel.

# *Table*

## DU MÊME AUTEUR

*Aux Éditions Albin Michel*

LES AVENTURES DE L'ESPRIT, 1979
LA PARAPSYCHOLOGIE ET VOUS, 1980
CORPS VIVANT, 1983
LA FEMME SOLAIRE, 1992
LA SAINTE FOLIE DU COUPLE, 1994
LA BRÛLANTE LUMIÈRE DE L'AMOUR, 1997
LES HOMMES SE TRANFORMENT, 1999
BIENHEUREUSE INFIDÉLITÉ, 2003
LA SPIRALE DU BONHEUR, 2004

*Chez d'autres éditeurs*

L'ENFANT-SOLEIL, Belfond, 1973
LE MANUEL DE LA VIE NATURELLE, en collaboration avec Claude Barreau, Belfond, 1985
LE LIVRE DES POSSIBILITÉS, en collaboration avec André Bercoff et Nicolas Devil, Robert Laffont, 1984
LA MAGIE DE LA PERLE NOIRE, Times Éditions, 1987
JE PEUX CHANGER, Dervy, 2000

Paule Salomon anime en France, Suisse, Belgique différents stages toute l'année.

Le stage « Créateur » est destiné à apporter une connaissance de soi, une joie de vivre, une capacité à dédramatiser, un développement du pouvoir créateur de l'imagination.

« Femme Solaire », réservé aux femmes, est une expérience profonde pour dépasser la blessure culturelle transmise de mère en fille, pour développer le masculin intérieur et le rayonnement de l'être.

« Homme Lunaire », réservé aux hommes, permet une intégration harmonieuse du féminin intérieur et le développement d'une nouvelle virilité.

« Femme Solaire, Homme Lunaire », concerne l'apprentissage tantrique de l'art d'aimer ainsi que « Carpe Diem », éveil des cinq sens.

Une formation sur deux ans, pour devenir « Rebirther et Intervenant en développement personnel », est proposée aux psychothérapeutes.

Paule Salomon
1650 route de Saint Vallier
06137 Spéracèdes

**Pour tous renseignements sur les dates, email**
secretariat@paulesalomon.org
Site : www :/paulesalomon.org

*Composition Nord Compo*
*Impression : Imprimerie Floch, octobre 2007*
*Éditions Albin Michel*
*22, rue Huyghens, 75014 Paris*
*www.albin-michel.fr*

*ISBN : 978-2-226-16959-4*
*N° d'édition : 25508 – N° d'impression : 69325*
*Dépôt légal : novembre 2007*
*Imprimé en France.*